AF450915

LO QUE REVELAN LOS DIBUJOS DE TUS HIJOS

MACARENA ARNÁS

www.dibujos.guiaburros.es

Si después de leer este libro, lo ha considerado como útil e interesante, le agradeceríamos que hiciera sobre él una **reseña honesta en Amazon** y nos enviara un e-mail a **opiniones@guiaburros.es** para poder, desde la editorial, enviarle **como regalo otro libro de nuestra colección.**

*A mi hermana Laura, gran amiga de los niños.
Ella es la mano que me levanta si caigo, mi paz, mi
guerra, mi guía, mi sustento...
Gracias por tu lealtad y generosidad.*

*A mis padres. Por enseñarme el valor de la constancia y
la honestidad. Gracias por vuestro amor incondicional.*

*A mi prima Celia. Compañera de infancia y luchadora
innata. Gracias por caminar siempre conmigo y ser
cómplice de numerosas historias que han fomentado
nuestra imaginación y fortaleza.*

*A mi gran amiga Leonor. Ejemplo de solidez, empatía y
optimismo. Gracias por estar siempre.*

*A todos esos amigos que se han atrevido a mandarme sus
dibujos para mostrar lo que sienten.
Gracias por vuestro apoyo y valentía.*

*A la editorial Editatum y a La Orden de Ayala,
gracias por confiar una vez más en mí para
escribir este libro.*

*A mis ángeles, que desde arriba me iluminan para seguir
cumpliendo sueños.*

Sobre la autora

 **Macarena Arnás** es licenciada en Derecho con estudios superiores en Marketing y Comunicación. Grafóloga, perito calígrafo, experta en Técnicas Proyectivas Gráficas y escritora.

Su interés por la Grafología surge a los diez años de edad, cuando le regalan un libro sobre esta materia. Fue el embrión para profundizar en dicha disciplina e iniciar los estudios de Grafología, Técnicas Proyectivas y Pericia en el Instituto de Psicografología de Madrid. Tras finalizar sus estudios crea una nueva cuenta de Instagram llamada *@lamagiadelasletrasoficial*. Perfil dedicado a la Grafología y las Técnicas Proyectivas.

En el 2017 colabora en distintas publicaciones, y publica su primer libro de poesía y relato corto, *La hora de tomar el café desnudo*. En junio del 2019 publica su segundo libro, *GuíaBurros Grafología, lo que revela tu escritura*.

Actualmente trabaja como redactora en la nueva revista digital *BikiniBurka*, y lleva la creación de contenidos y comunicación *online* de varias empresas dedicadas al sector de hostelería, salud, belleza y moda. También colabora como grafóloga en *La Orden de Ayala*, impartiendo conferencias y talleres de Grafología y Técnicas Proyectivas en teatros y centros culturales, así como la difusión en varios medios de radio y televisión.

Índice

Emociones ilustradas

Su tiempo no atendía a horas ni a minutos, sus días estaban coloreados con las diferentes gamas de ceras de colores que tenía en su estuche, con los que pasaba las tardes dibujando para evadirse del desaliento y la soledad que permanecía en cada esquina de su casa.

Violeta era una niña creativa, sensible, reservada y misteriosa. Repleta de cualidades que ilustraba en cada uno de sus dibujos; sin embargo, se encontraba triste...

Su madre, preocupada por ver a su hija apagada, le preguntaba constantemente qué le pasaba, pero Violeta evadía las respuestas y mostraba a su madre la cantidad de dibujos que hacía cuando llegaba del colegio. La madre ignoraba lo que para ella eran solo garabatos.

Pasaban los días y Violeta seguía apenada; entonces su madre decidió comprar un montón de juguetes para ver a su hija sonreír, pero Violeta, haciendo caso omiso a los mismos, prefirió usar sus pinturas para seguir proyectando nuevas vivencias.

Los días seguían pasando para Violeta. Durante el día estaba en el colegio, y por las tardes se encontraba sola. Su padre se había ido de casa sin dar explicaciones, su madre trabajaba hasta altas horas, y su abuelo se encargaba de ir a recogerla y estar con ella hasta que llegase su madre del trabajo. Un día su abuelo encontró un anuncio en el periódico donde se anunciaba un concurso de dibujos infantiles, y decidió contárselo a su nieta para que se presentara. Violeta, sorprendida ante esa nueva noticia, se sintió tremendamente valorada e ilusionada, abrazó a su abuelo y sin pensárselo dos veces decidió presentarse.

A los pocos días de acudir llamaron a su casa y le comunicaron que había sido seleccionada como posible ganadora. Violeta, contenta y emocionada, se puso su vestido preferido y acudió al acto acompañada de su madre y su abuelo.

Cuando mostraron su dibujo, la gente se quedó sorprendida. Era un dibujo surrealista, con tonos azulados, negros, un sol verde de gran tamaño y la silueta de su padre coloreada de color violeta. El jurado, antes de seleccionarla como ganadora, le preguntó las razones por las que había pintado ese dibujo. Violeta, conmocionada, con voz temblorosa y lágrimas en los ojos, dijo:

— El fondo azul refleja la nostalgia con la que recuerdo a mi padre, el negro es el color del que se han teñido las paredes de mi cuarto desde que ya no le escucho, pero el sol verde y de gran tamaño me recuerda que no debo perder la esperanza, que pronto aparecerá. Para finalizar, he querido plasmar su silueta envuelta del color de mi nombre, del color violeta, para que no olvide que yo soy su hija, y por lo tanto sigo siendo parte de él. Es un dibujo que me ha enseñado a expulsar la rabia, el rencor y la melancolía que siento tras su ausencia.

El público y el jurado, con lágrimas en los ojos, realizó una larga ovación y le nombro ganadora.

Su madre abrazo a Violeta y dijo:

— Perdona, hija. Ahora entiendo lo que te pasa; me lo estabas comunicando en cada uno de tus dibujos. Pronto verás de nuevo a tu padre. No he sabido escuchar ni valorar todo lo que eres capaz de crear.

Finalmente, Violeta fue ganadora y respondió:

— Mamá, no te preocupes; pero por favor, no intentes suplir mis carencias emocionales con juguetes o cosas materiales, no me agobies con tantas preguntas, **mejor déjame dibujar; será la manera de contarte lo que siento.**

Y es a partir de ese momento cuando los adultos pudieron comprobar la cantidad de emociones que se esconden en cada uno de los diferentes garabatos, **con los que los niños revelan sus emociones.**

¿Qué son las técnicas proyectivas gráficas?

Son herramientas de evaluación psicológica, que permiten al sujeto conocer aspectos de su personalidad a través de los dibujos. **Los dibujos son la expresión simbólica e inconsciente de nuestras emociones.**

¿Para qué sirven?

Nos permiten conocer el estado emocional de un niño o de un adulto.

— Evaluar la personalidad desde varios aspectos (familiar, emocional, afectivo, etc.).

— Conocer el «yo infantil» o la infancia en el caso de los adultos.

— Descubrir cómo un niño percibe su hogar o su familia.

— El inconsciente.

— La proyección de nosotros mismos, cómo nos gustaría ser y la imagen que queremos dar a los «otros».

¿En qué campos se utilizan?

Dichas técnicas se han utilizado principalmente en psicología, pedagogía, criminología, por maestros, médicos, peritos judiciales, educadores sociales, recursos humanos, etc.

Aunque casi todo el mundo cree que solo se utiliza con niños, son técnicas valiosas en adultos.

¿Qué dibujos se deben analizar?

— Aquellos que se han ejecutado con lápices, evitando rotuladores porque nos impedirán conocer la presión del trazo.

— Dibujos que se han realizado en un folio en blanco.

— Aunque los dibujos que más nos aportarán información son el dibujo de la casa, el árbol o la figura humana, cualquier dibujo libre es válido.

— Estas técnicas se pueden realizar de manera grupal, pero es aconsejable que cuando se analice a una persona, esta se encuentre sola para evitar que pueda estar condicionada por el entorno, y poder observar detalles importantes, como el orden en que se realizan los dibujos y observar cualquier manifestación gestual o verbal que realice mientras se la analiza.

Dibujos infantiles. Aplicaciones de las técnicas proyectivas gráficas en los niños

«Cada niño es un artista, el problema radica en cómo seguir siendo artista al crecer».
Pablo Picasso

Las técnicas proyectivas se han usado principalmente en los niños, ya que a través del dibujo manifiestan la creatividad, las emociones y plasman todo aquello que sienten o imaginan.

Los dibujos infantiles son los trazos más puros, libres, creativos e instintivos.

Los niños necesitan crear y perderse en su fantasía, y a través de los dibujos encuentran el modo de manifestar el inconsciente sin apenas darse cuenta.

Rasgos a tener en cuenta en los dibujos infantiles

Es importante conocer la **edad del niño** que dibuja, ya que no podemos analizar del mismo modo el dibujo de un niño de nueve años que el dibujo de un niño de tres años. **La destreza gráfica y la psicomotricidad** son puntos a tener en cuenta a la hora de hacer un informe de técnicas proyectivas gráficas.

El folio debe entregarse en blanco y de manera neutra, sin condicionar su orientación, la cual decidirá libremente el niño.

El tipo de útil debe ser lápices de palo o ceras, pero debemos evitar rotuladores. Los colores se deben poner en la mesa y dejar que el niño los escoja o no, de manera libre. (En el caso de los niños es frecuente que quieran colorear).

Otra peculiaridad importante a la hora de analizar los dibujos infantiles es preguntar al niño si el dibujo que ha hecho lo ha ejecutado de manera libre o lo ha hecho por algo en concreto. No debemos olvidar que los niños son esponjas, y es frecuente que plasmen cosas que han podido ver antes. Por ejemplo, si un niño hace el dibujo de una persona desnuda y nos dice que lo ha hecho porque ha estado en una playa nudista y ha visto gente desnuda, no es un caso alarmante, pero si nos dice que lo ha hecho porque en su casa le han hecho desnudarse, sí que debemos indagar más sobre el dibujo en cuestión, por si podemos encontrarnos ante temas más serios, como abusos sexuales. Por lo tanto, **cuando encontremos algún rasgo, uso de color poco frecuente o trazos que no son habituales a su edad, siempre es necesario cuestionarles.**

Debemos tener en cuenta cada verbalización que haga el niño mientras dibuja, el tiempo que tarda en hacerlo, si borra mucho, repite el dibujo, etc.

Es aconsejable **crear un clima agradable**, poner varios colores sobre la mesa y tratarles de manera cercana. Jamás debemos infravalorar los dibujos infantiles; es bueno observarles, hablar con ellos, jugar y motivarles para que se vayan abriendo a dibujar y expresar sus emociones.

La importancia de la infancia. Aplicación de las técnicas proyectivas en los adultos

«Durante mi infancia solo ansié ser amada. Todos los días pensaba en cómo quitarme la vida, aunque en el fondo ya estaba muerta; solo el orgullo me salvó».
Gabrielle Coco Chanel

Si los dibujos infantiles nos permiten conocer el estado emocional de los niños, en el caso de los adultos son una vía que nos permite indagar sobre su pasado. La infancia es la etapa con la que iniciamos nuestras primeras pisadas, época de gran relevancia en la formación de nuestro carácter, autoestima, emociones, miedos, etc. Las enseñanzas y valores que recibimos, todo aquello que vemos en nuestros padres, profesores o cualquier adulto que forme parte de nuestros primeros años de vida, son relevantes.

En nuestra niñez hemos podido vivir determinadas experiencias que no recordamos actualmente, y que son el fruto de muchos de los temores a los que nos enfrentamos en la edad adulta, así como problemas que arrastramos y de los que no somos conscientes. Por lo tanto, aunque las técnicas proyectivas se utilizan principalmente en niños, no debemos olvidar que en el caso de los adultos adquieren un papel de gran interés para conocer e indagar en aquellas experiencias que nos definen y que son de gran valor.

Los dibujos en la edad adulta se convierten en un camino de autoconocimiento que nos reconduce a aquellas experiencias gozosas o traumáticas que forman parte de nuestra infancia. Es un modo de despertar a ese niño que todos llevamos dentro y que no debemos abandonar, porque es el motor que nos impulsa a cumplir sueños.

Rasgos a tener en cuenta en los dibujos de adultos

Es importante conocer de nuevo **la edad del adulto** para saber el nivel de psicomotricidad.

Se debe preguntar su profesión o aficiones, ya que si estamos analizando a un sujeto que sea artista o le guste dibujar, nos encontraremos con trazos diferentes que condicionarán el análisis.

Aquí, de nuevo **se debe entregar un folio en blanco de manera neutra.**

El uso del color en el caso de los adultos suele ser menor, pero se deben dejar a mano de la persona para que los utilice si lo desea.

En el caso de los adultos, **es muy habitual que verbalicen y critiquen sus dibujos por falta de costumbre. Todas esas manifestaciones, tachones o expresiones que manifiesten, debemos escucharlas, porque nos darán pistas sobre su estado emocional.**

Generar un clima agradable y de confianza, aunque en el caso de los adultos encontraremos una intención más consciente, a diferencia de los dibujos de los niños, que por lo general tienen mayor facilidad para mostrarse de manera transparente e inocente.

Teorías de la personalidad

«La única persona con la que deberías compararte es con la persona que eras ayer. Esa es la persona a la que debes superar y en la que debes fijarte para ser mejor».

Sigmund Freud

No puedo hablar de la manera en la que proyectamos nuestro inconsciente a través de los dibujos, sin antes mencionar a **Sigmund Freud**, padre del psicoanálisis y una de las figuras más relevantes del siglo XX. Es importante, antes de adentrarme en la interpretación de un dibujo, conocer las teorías psicoanalistas. Tener una base de los tres elementos básicos de la personalidad y conocer las etapas psicosexuales del desarrollo humano, son pistas clave para conocer el «yo infantil» y todas esas emociones que empapan y condicionan nuestro carácter.

Elementos de la personalidad

Freud describió tres elementos básicos de la personalidad:

— **El ELLO**. Es la parte más primitiva, relacionada con el instinto y los deseos. Se rige por el principio del placer. Es innato. Comprende todo lo que heredamos de manera biológica, nuestra naturaleza.

— **El SUPERYÓ**. Se rige por el principio del deber. No es innato. Suele estar condicionado por la educación de nuestros padres. Se sustenta en los ideales, imposiciones sociales o valores recibidos

— **El YO**. Se rige por el principio de realidad. Su misión consiste en pretender encontrar un equilibrio entre el deber y el instinto. Con lo que nacemos de manera biológica –nuestra naturaleza– y con aquello que recibimos –la educación–.

Conocer las diferentes etapas que establece Freud diferenciando el principio instintivo, el principio del deber y la realidad, nos conduce a profundizar sobre cómo puede llegar a condicionarnos la educación recibida o el entorno en determinados rasgos de nuestro temperamento. En el caso de los dibujos es relevante, ya que los dibujos infantiles son más libres e inconscientes que los dibujos de los adultos, que en su caso están más condicionados por el entorno social y la educación. **Los dibujos más inconscientes son los garabatos que se realizan en los cuatro primeros años de vida.**

El apego y el complejo de Edipo como claves a tener en cuenta en la interpretación de un dibujo

«¡La mujer y el niño necesitan más cariño, qué leche!».
Gloria Fuertes

Con esta frase la escritora Gloria Fuertes describía a la perfección la dependencia y el apego que se genera tanto en el niño como en la madre en los primeros años de vida.

El complejo de Edipo es el deseo del niño de poseer al padre del sexo opuesto. Resulta primordial para la interpretación del dibujo, ya que por lo general un complejo de Edipo mal sanado genera apegos insanos con nuestros progenitores, que a la larga nos puede llegar a generar cierta tendencia a tener relaciones personales tóxicas. Freud afirmaba que el complejo de Edipo tenía un papel importante en la etapa fálica del desarrollo psicosexual de la personalidad, ciclo en el que el niño desea poseer a su madre y reemplazar a su padre, pues lo ve como un rival en el logro del amor de su madre.

El complejo de Edipo entre madre e hijo se manifestará con una educación sobreprotectora y dependiente, donde la madre acaparara al hijo para cubrir sus vacíos emocionales y el niño demandará toda la atención de la madre rechazando al padre. En el caso de las niñas es menos habitual, aunque también se han dado casos de complejo de Edipo entre madre e hija. Esto es frecuente en casos donde el padre está ausente y la madre siente tal vacío emocional que cubre sus vacíos con el apego hacia su hija, pero la manera en que lo manifestará es con tristeza, por lo que la niña tendrá carencias emocionales y por lo general buscará parejas protectoras en su edad adulta. El complejo de Edipo es habitual en mujeres que son madres solteras o se sienten solas con su pareja, teniendo la necesidad de suplir sus carencias emocionales a través de sus hijos.

Cuando dicha dependencia se da entre **padre e hija**, es lo que denominamos **complejo de Electra**. Esto es frecuente en niñas que sienten a su padre ausente. Puede que realmente tenga un padre distante porque no esté con frecuencia en el hogar familiar, o por el contrario, que aunque el padre esté, la niña siente desprotección o ausencia por el mismo. En este caso, la niña en la edad adulta buscará a un padre en sus relaciones personales y de pareja.

En los dibujos infantiles nos podemos encontrar algunos dibujos que lo ilustren entre los cuatro y nueve años de edad, pero si el niño o la niña supera dicho rango de edad, o incluso encontramos estos elementos en un dibujo de un adulto, es un caso alarmante, porque el sujeto en cuestión tendría un problema de apego o complejo de Edipo o Electra sin sanar.

Ejemplo:

Dibujo de un niño de 8 años

El niño se sitúa en el centro, dando la mano a la madre e ignorando al padre, al que dibuja con rasgos faciales que muestran enfado. Este es un claro ejemplo de un dibujo de un niño con complejo de Edipo.

Etapas del dibujo

«Nunca olvides que todo comenzó cuando dibujé un simple ratón».
Walt Disney

A la hora de realizar un informe de técnicas proyectivas gráficas es importante conocer la edad de la persona, para tener en cuenta la psicomotricidad y el grado de madurez.

Los garabatos. Son frecuentes desde que cumplen el primer año hasta los 3 años. En esta fase no podemos fijarnos en la psicomotricidad de los garabatos, pero sí podemos tener en cuenta el uso del color. Lo habitual es que escojan colores alegres y llamativos. Si utilizan colores oscuros podría indicar tristeza.

El dibujo infantil. (Desde los 4 años hasta los 10 años). Fase de gran relevancia para realizar análisis de técnicas proyectivas. El niño ya tiene psicomotricidad y por lo general se muestra receptivo a dibujar. El uso del color es frecuente y las formas abstractas. Etapa donde más se acentúa la capacidad para crear. En el caso de la figura humana predominan las cabezas grandes y cuerpos anulados o más pequeños en proporción con la cabeza.

Dibujo de una niña de 7 años

El dibujo en los adolescentes. (Desde los 11 años hasta los 18 años). A estas edades el adolescente realiza dibujos más realistas, el uso del color es moderado. En el caso de las figuras humanas es habitual que marquen el cuerpo. Son dibujos más conscientes y con cierta preocupación por la estética. En esta etapa es frecuente que muestren cierta rebeldía o negación a dibujar.

El dibujo en los adultos. (A partir de los 18 años). La persona tiene cierta psicomotricidad, pero ha perdido el hábito de dibujar (a no ser que sea artista). En esta fase suelen verbalizar momentos de su infancia cuando ejecutan los dibujos o pueden llegar a negarse por la pérdida de costumbre.

El dibujo de los ancianos. (A partir de los 70 años). No es habitual encontrar dibujos a estas edades, pero a veces han servido de ayuda a personas que padecen alzhéimer para ayudar a recuperar memoria o donde ellos plasman vivencias del pasado más lejano. Es habitual encontrar trazos con temblores y finos, sin uso de color. Pueden volver a hacer garabatos como en la primera etapa.

Las zonas del papel. El consciente e inconsciente

«Escribir conscientemente es lo mismo que dibujar inconscientemente el dibujo de sí mismo, el autorretrato».

Max Pulver

Las zonas del papel en el dibujo comparten la misma relación que en grafología, tal y como establezco en mi libro *Lo que revela tu escritura*, según la teoría de Max Pulver.

Guardan relación con el inconsciente; cuando escribimos y dibujamos, el inconsciente habla. Y escucharlo es la llave que nos conduce a conocer la profundidad de muchos de los problemas que nos invaden en nuestro día a día.

En el caso de los dibujos, el hecho de ocupar las zonas superiores, inferiores, las de la izquierda o derecha del papel, guardan relación con el inconsciente.

- **Zona superior.** Aspectos creativos y espirituales.
- **Zona inferior.** Aspectos materiales, instintivos y prácticos.
- **Zona izquierda.** Pasado (madre, familia y consciente).
- **Zona derecha.** Futuro, el padre (sociedad, inconsciente y extroversión).

CREATIVIDAD/ESPIRITUALIDAD- ZONA SUPERIOR

PARTE CONSCIENTE

Pasado/Madre/Origen

PARTE INCONSCIENTE
(Futuro, Sociedad, extroversión)

MATERIALISMO

Es importante entregar el folio de manera neutra, para no condicionar el posicionamiento de la persona a la hora de dibujar, y permitir que plasme sus trazos de manera inconsciente, para así poder llegar a conocer el temperamento y estado emocional del mismo.

El uso del color.
«Tu estado de ánimo»

«La armonía de los colores debe fundarse únicamente en el principio del contacto adecuado con el alma humana, es decir, en lo que llamaremos el principio de la necesidad interior».
Kandinsky

El uso del color en los dibujos nos muestra el estado de ánimo de la persona en el momento que realiza el dibujo. Su uso es más frecuente y toma mayor relevancia en los niños que en los adultos, principalmente hasta los 10 años de edad, donde usan el color de manera inconsciente, y de manera menos simbólica que en los adultos.

Hay elementos de los dibujos que tienen sus colores establecidos. Por ejemplo: el sol es amarillo y el césped verde. En este caso, el uso del color no tiene relevancia para la interpretación del dibujo. Sin embargo, el análisis del uso del color en los dibujos tiene importancia, cuando el color que se usa es diferente al usual. Por ejemplo: un sol de color azul, o el césped de color morado.

Debemos fijarnos también en la tonalidad del color; no es lo mismo el uso del azul claro que el uso del color oscuro. Cuanta mayor intensidad tenga el color, más profundas serán las emociones que el sujeto desea manifestar.

Significado psicológico de los colores

- **Azul**. Se relaciona con la emoción, la lealtad, la tranquilidad, la paz y la nostalgia. El exceso de color azul puede alertarnos de cierta tristeza o pasividad. Es un color hipotensor.
- **Rojo**. Se asocia a la pasión, la impulsividad, la fuerza de voluntad, la energía. Es un color hipertensor.
- **Verde**. Representa la naturaleza, la esperanza, la autoafirmación, deseos de autosuficiencia, constancia, individualismo, firmeza.
- **Amarillo**. Nos indica la actitud ante el futuro, expectación, claridad, brillo, inteligencia, optimismo, ilusión. Representa el día, el cambio y la alegría.
- **Marrón**. Se asocia a lo terrenal, al realismo, a las necesidades básicas, seguridad, materialismo. El uso excesivo del color marrón en los dibujos infantiles puede alertarnos sobre ciertas carencias en lo relacionado con lo material o las necesidades más primarias como puede ser comer o dormir.
- **Negro**. Representa la negación, el silencio, la discreción, los miedos. El exceso del color negro puede llegar a tener un componente agresivo y angustioso.
- **Blanco**. Simboliza la pureza, la ingenuidad, la paz.
- **Naranja**. Se asocia a la fuerza, a la energía y determinación.
- **Violeta**. Representa el cambio, lo ideal, lo místico y la rebeldía.
- **Rosa**. Simboliza el amor, la ingenuidad, el cariño.
- **Gris**. Representa la indiferencia, la frialdad, la reserva y la falta de compromiso.

El trazo. La fortaleza física y espiritual

«A medida que avanzamos en la vida, esta se vuelve más y más difícil. Pero en la lucha contra las dificultades desarrollamos la fuerza desde lo más íntimo del corazón».
Vincent Van Gogh

La fortaleza es la capacidad que tenemos para afrontar todos aquellos obstáculos que nos presenta la vida. No somos conscientes del nivel de resistencia que tenemos hasta que no pasamos por experiencias que nos ponen a prueba. **Cuando la vida te presente obstáculos intenta descubrir qué es lo que te quiere enseñar. Los problemas nos conducen al aprendizaje y al crecimiento interior.**

El trazo es la presión con la que se elabora el dibujo, es decir, si apretamos mucho o poco el lápiz a la hora de dibujar. Nos permite conocer la fortaleza física o espiritual del sujeto. La presión en los dibujos, al igual que la presión en la escritura, es un parámetro inestable, ya que está condicionado por numerosos factores como pueden ser el tipo de útil que se utilice, el grosor del folio y el estado físico de la persona. Es decir, si un anciano está dibujando es habitual que nos podamos encontrar temblores; sin embargo, percibir temblores en un niño estaría orientado a problemas más emocionales que físicos. La fortaleza espiritual también se puede apreciar a través del trazo, pero lo ideal en este caso es tener una presión normal, ya que indicaría que la persona afronta los problemas con equilibrio y poca obstinación.

El trazo de los dibujos

- **Fuerte.** Tipo de presión en el que se presiona mucho el lápiz y deja surcos por la zona de atrás del folio. Este tipo de presión indica fuerza física, pero un dibujo excesivamente presionado podría indicar impulsividad o agresividad. Es frecuente encontrar dibujos donde se presionan algunas más zonas que otras. En este caso conviene observar la parte del dibujo que está más presionada.

  Ejemplo de **dibujo con alternancia de presiones**:

  La zonas faciales del dibujo están poco presionadas, a diferencia de los bolsillos y botones, donde se ha presionado más. La alternancia de presiones es habitual en dibujos artísticos.

- **Débil.** Un trazo es débil cuando la persona no ha presionado casi a la hora de dibujar, y se observa un dibujo con formas simples y poco marcadas. Dicho rasgo revela debilidad, tristeza y pasividad.

- **Normal**. Cuando existe un equilibrio en la presión del dibujo, y no está ni muy presionado ni poco presionado. Cuando la presión es normal es un signo de equilibrio y en general de buena salud.
- **Reiterativo**. Cuando se remarcan las zonas del dibujo varias veces. Propio de sujetos obsesivos y tercos.

Ejemplo:

- **«A trompicones»**. El trazo se divide y va perdiendo presión, quedando siluetas o formas cortadas. Este tipo de presión es habitual en niños pequeños que no tienen psicomotricidad. En adultos simboliza poca constancia y debilidad.

Dibujo de la casa. Percepción inconsciente de la familia y el hogar

«Llámalo clan, llámalo grupo, llámalo tribu, llámalo familia. Lo llames como lo llames, seas quien seas, necesitas una».

Jane Howard

La novelista Jane Howard hacía alusión a la necesidad de tener una familia como una necesidad biológica y humana para cualquier persona. Hoy en día no podemos hablar solo de familia tradicional, es decir, aquella formada por padres e hijos. El divorcio, la separación, los matrimonios homosexuales, las familias monomarentales y monoparentales han generado una concepción de la familia mucho más amplia y diversa.

Lo que genera felicidad en la familia es aquello que se genera a través de unos vínculos emocionales sanos y transparentes.

El hogar es aquel espacio donde vivimos, el refugio en el que nos encontramos para evadirnos del exterior. Un lugar que debe ser cálido para poder encontrar el equilibrio.

La casa es uno de los primeros dibujos que realizamos. Es una proyección que nos aporta información sobre la percepción familiar y hogareña. En el caso de los adultos nos puede hablar sobre la familia de origen o la que han formado, ya sea con su pareja y sus hijos en el caso de que los tengan. Y en el caso de los niños, nos va hablar de la percepción que tiene de sus padres y del lugar donde viven.

Es un dibujo clave para conocer nuestra percepción inconsciente de nuestro origen. Un dibujo que nos aporta información sobre:

— Las relaciones y vínculos familiares.

— La visión consciente e inconsciente del hogar y la familia.

— El autoconcepto y carácter de uno mismo.

— El nivel de apego o desapego con la familia.

El dibujo de la casa se ha utilizado a través de psicólogos forenses cuando quieren conocer la percepción del hogar que tiene un menor, en casos donde se esté debatiendo la custodia de los padres y también cuando nos encontramos con problemas de abusos sexuales que proceden de personas del clan familiar. También se ha usado por psicólogos, profesores o pedagogos cuando quieren conocer problemas que pueden derivar de la familia, y en el caso de adultos, para descubrir en profundidad su infancia y vinculación con su familia, ya sea la de origen o la que forman.

Los elementos del dibujo de la casa nos van a aportar diferentes datos sobre la persona. No siempre aparecen todos los elementos que a continuación voy a mencionar, y la omisión de los mismos también resulta significativa. Es decir, una casa sin tejado o sin chimenea nos aportará una valiosa información. Hay elementos fundamentales que por lo general aparecen, y otros que no tienen por qué aparecer, pero si se añaden también debemos tenerlos en cuenta. Lo normal es que la casa tenga tejado, ventanas, paredes y puerta.

A la persona se le debe decir que dibuje una casa, sin emplear diminutivos ni adjetivos que puedan condicionar al sujeto, para dejar que sea imaginativo y que actúe el inconsciente. Si estamos presentes durante la ejecución del dibujo es importante observar y escuchar las verbalizaciones que diga. Debemos entregar el folio de manera neutral y tener en cuenta la posición de la casa; es decir, si la dibuja en la zona de la izquierda, del centro o de la derecha.

Los **elementos habituales** en el dibujo de la casa son:

- **Tejado**. Hace referencia a la imaginación, fantasía, espiritualidad, creatividad.

- **Paredes**. Simbolizan la fortaleza y resistencia. Debemos preguntar de qué material está hecha la casa. Una casa hecha de piedra, madera, paja o cualquier otro material que imagine el individuo, nos indicará la resistencia y percepción del mismo para afrontar los problemas. Si la persona que ha dibujado la casa nos dice que está hecha de ladrillo o piedra indica resistencia y fortaleza; si nos dice que está hecha de madera muestra menos fortaleza y si está hecha de paja denota poca fuerza y resistencia para resolver conflictos.

- **Chimenea**. Vinculada con la afectividad y el modo en que manifestamos las emociones. Se debe observar si la chimenea tiene humo o no. Si tiene humo indica que la persona expresa o manifiesta sus emociones. Si carece de humo revela dificultad para expresar lo que siente en su casa.

- **Ventanas**. Hace alusión a la capacidad de observación y detallismo.

- **Puerta**. Es el contacto con el exterior, la introversión o extroversión. En el caso de la puerta debemos fijarnos si aparecen algunos elementos como el cerrojo, que refleja la introversión, y la mirilla, que muestra un carácter desconfiado y puntilloso.

- **Suelo o césped**. Hace referencia a la estabilidad y contacto con la realidad.
- **Sol**. Elemento habitual en el dibujo de la casa, que aparece principalmente en dibujos infantiles. Indica el contacto con la figura paterna y la percepción del mismo.

Elementos **poco habituales** en el dibujo de la casa:

- **Tejas**. Control, racionalidad, rigidez de pensamiento, obsesión. Es importante observar si el tejado está compuesto por tejas colocadas minuciosamente o tejas menos cuidadas, ya que en este caso la interpretación es menos relevante.
- **Tuberías**. Indican dificultad para resolver conflictos.

Ubicación de la casa en el papel

La ubicación de la casa en el folio nos indica cómo se sociabiliza la persona con respecto a su familia y el exterior.

Una casa ubicada en la zona de la izquierda del folio revela timidez y apego a la madre. La persona tiende a refugiarse en sí misma y confía en pocas personas dentro de la familia.

Una casa ubicada en el centro del folio. Sujeto que tiende a controlar sus emociones y tiene escrúpulos a la hora de relacionarse.

Una casa ubicada a la derecha del folio. Persona extrovertida y menos apegada a la familia.

Dibujo de una niña de 5 años

Tipos de casas

Casa sencilla, proporcionada entre el tejado y la pared. La persona percibe su hogar y su familia como un lugar de refugio y sencillez. Equilibrio entre la parte idealista y material.

Dibujo de una adolescente de 14 años

Casa con el dejado más pequeño que la pared. El tejado hace referencia al idealismo y las paredes a la parte instintiva. Un tejado pequeño con respecto a la pared simboliza poco idealismo y espiritualidad. La persona es terrenal y poco idealista.

Dibujo de una niña de 6 años

Casa con tejado amplio. Si el techo o el tejado es de mayor tamaño que el resto de la casa señala fantasía e imaginación.

Casa con tejado que se corta. Necesidad de apertura a nivel ideológico. Personas influenciables e imaginativas.

Edificio. Aunque solemos vivir en edificios, lo habitual es que dibujemos casas de campo. En el caso de que se dibuje un edificio de ciudad, revela que la persona siente angustia y frialdad en su casa.

Dibujo de una mujer de 30 años

Casas con transparencias. Es decir, casas **en las que se dibuje el interior de la casa.** Las transparencias son habituales en niños, por esa necesidad de ilustrar todo lo que ven. En adultos señala subjetivismo radical en las ideas y trastorno de la realidad. Esto es lógico, ya que desde fuera no puedes conocer el interior de la casa.

Dibujo de un niño de 9 años

Castillos. En niños es más frecuente que en adultos. Señala imaginación, fantasía y vanidad.

Dibujo de un niño de 7 años

Casa con la puerta en la zona izquierda. Indica reserva, introspección, persona con tendencia a refugiarse, timidez. **Si por el contrario la puerta se ubica a la derecha**, revela extroversión, capacidad para expresar sus emociones. **Si la**

puerta se ubica en el centro, muestra escrúpulos y un carácter selectivo para entablar relaciones sociales.

Dibujo de un niño de 6 años

Casa con chimenea. La chimenea es un elemento positivo, porque indica que la persona tiene capacidad para expresar sus emociones. No obstante, es importante apreciar si el humo va hacia la zona de la izquierda (en este caso indica que es introvertido y tiene mayor dificultad para expresar sus emociones), o si el humo va hacia la zona de la derecha (indicando capacidad para expresarlas). Si el humo asciende y se mantiene en el centro muestra expresión equilibrada de las emociones e idealismo.

Dibujo de un niño de 10 años

Casa con varias chimeneas. En este caso indica dificultad para afrontar conflictos. Problemas para gestionar las emociones.

Dibujo de un niña de 5 años

Casa sin chimenea. No dibujar chimenea señala que no puede y no tiene recursos para expresar sus conflictos en casa. Es común en niños que perciben a sus padres ausentes o fríos en su hogar como un espacio lleno de conflictos. Personalidades distantes.

Casa con chimenea sin humo. La persona tiene recursos para solucionar problemas pero no expresa sus sentimientos en casa. Impotencia para manifestar sus emociones, poca confianza en sus padres o miembros de la familia. Percibe el hogar como un sitio con poca libertad.

Dibujo de un hombre de 20 años

Casa iglú o cabaña. Deseos de ser diferente, originalidad, necesidad de salirse de las normas establecidas.

Dibujo de un niño de 8 años

Dibujar varias casas. Habitual en niños con padres separados por esa percepción de tener varios hogares. En el caso de que los niños no tengan padres separados, muestra poca comodidad en su hogar y necesidad de refugio. En el caso de los adultos es menos frecuente; indica que todavía puede seguir teniendo arraigo con el hogar de origen o no percibe su hogar como suyo.

Dibujo de un niño de 7 años

Casa con escalones en la puerta. Dibujar escalones en la puerta muestra orgullo, un carácter elitista y altivo.

Casa con ventanas divididas en cuatro. Visión racional y objetiva de las cosas. Pragmatismo, persona estructurada.

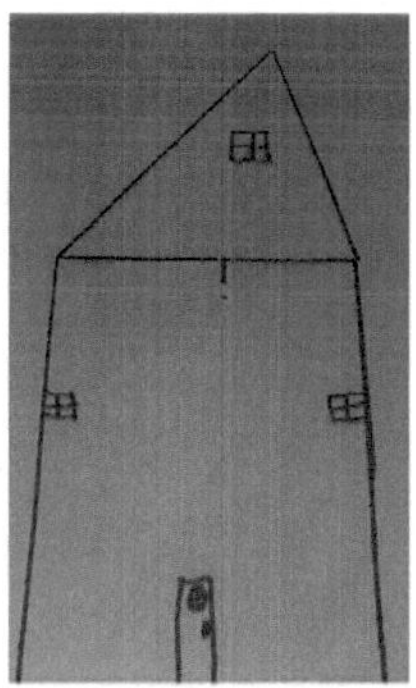

Dibujo de un niño de 8 años

Casa con ventanas en formas de cruz. No querer ver la realidad de las cosas. Cabezonería y carácter subjetivo.

Dibujo de una niña de 9 años

Casa con ventanas con cortinas. Coquetería, calidez en casa, seducción, deseos de agradar y detallismo.

Casa con muchas ventanas y mirilla. Desconfianza, persona observadora, reserva para permitir el acceso a su hogar. Protección con sus familiares. Las ventanas en la zona superior indican creatividad y necesidad de perderse en su fantasía. En el caso de niños, dibujar muchas ventanas indica cautela o miedos con el exterior.

Casa sobre un monte. Dependencia materna, egoísmo, escrúpulos para relacionarse con el resto, orgullo, ambiciones.

Dibujo de una niña de 9 años

Casa con tejas. Cuando aparecen tejas en el tejado es importante apreciar si se han dibujado de manera rigurosa o si son tejas más desordenadas. Las tejas en forma de cuadros hablan de cabezonería, personas cuadriculadas, con esquemas mentales muy marcados y poco flexibles a nivel ideológico. Si se han elaborado de manera perfeccionista indica un carácter autoexigente y obsesivo. Si las tejas tienen formas curvas señala todo lo contrario, flexibilidad y ambivalencia a nivel ideológico.

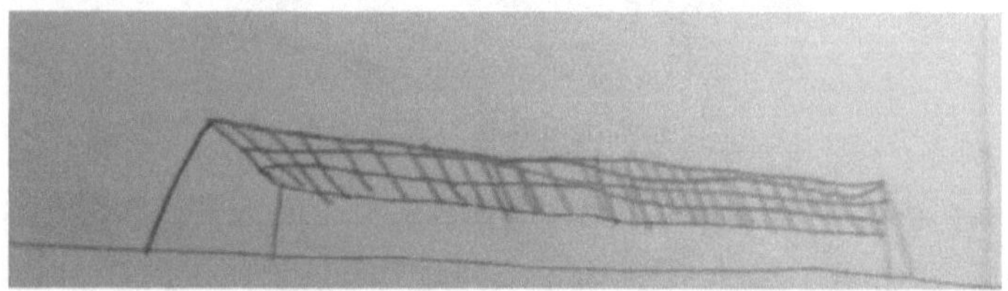

Dibujo de un niño de 6 años

Casa con valla y pasto. Necesidad de aislamiento, inseguridades a nivel familiar o en el hogar. La persona no abre las puertas a cualquiera. El césped con forma punzante muestra cierta angustia. **Si por el contrario el césped es liso señala seguridad y necesidad de contacto con la realidad.**

Dibujo de una niña de 6 años

Casa con suelo sinuoso. Suelo con formas curvas e inestables. Señala un carácter sensible, imaginativo, poco contacto con la realidad, persona caótica.

Dibujo de una mujer de 40 años

Casa con camino. Debemos observar la dirección del camino de la casa. Si el camino va hacia la zona de la derecha indica extroversión, apertura, la persona disfruta de viajar y conocer otras culturas. Si el camino va hacia la izquierda señala reserva, dependencia a la familia y a la madre, timidez para relacionarse con los otros. Un camino que va hacia la zona del centro representa la necesidad de controlar sus relaciones sociales, objetividad.

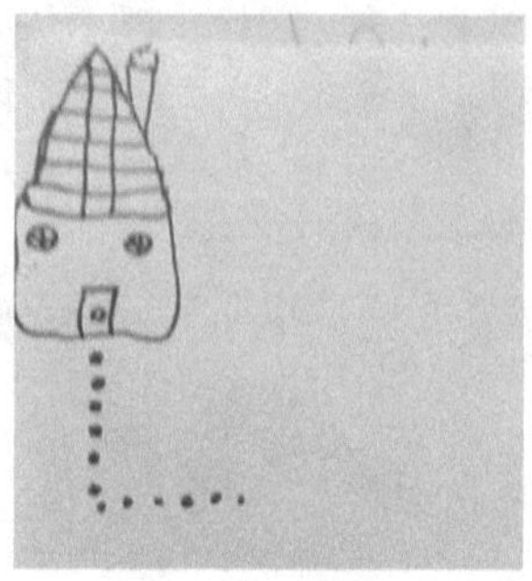

Dibujo de un niño de 8 años

Casa con camino de piedras. El sujeto tiene problemas que condicionan su apertura con los otros. Si las piedras proceden de la zona de la izquierda, las trabas son del pasado, de los padres o la familia de origen. Si proceden de la derecha son trabas a nivel social. En el caso de los adultos, si las piedras proceden de la derecha, los problemas proceden de la familia que han formado, su pareja o sus hijos.

Dibujo de una mujer de 24 años

Casa con puerta abierta. Si la puerta de la casa se encuentra abierta indica un carácter sociable, pero demasiada ingenuidad con las relaciones externas. Necesidad de cariño.

Casa con la puerta cerrada. Reserva para entablar relaciones. Si además la puerta tiene cerrojo o mirilla es símbolo de desconfianza. La persona reserva su privacidad.

Casa con balcón. Necesidad de salir al exterior. La persona tiene deseos de huir de su hogar. Sujetos independientes.

Dibujo de una mujer de 34 años

Casa con garaje. Necesidad de orden. Personas maniáticas y estructuradas.

¿Qué ocurre si la persona omite los elementos básicos de la casa como el tejado, la puerta, la chimenea o las ventanas?

Dependiendo del elemento que este omitido, nos va a dar pistas sobre la carencia del autor.

- **Si se omiten las ventanas.** Existe un deseo de no ver los problemas dentro del hogar o la familia, una especie de venda en los ojos para evadir los problemas

- **Si se omite la puerta**. Indica defensa frente al medio, actitud combativa. En caso de niños puede indicar problemas con las relaciones en el colegio o fuera del hogar.

- **Si se omite el tejado**. Revela poca creatividad e imaginación. La persona es más instintiva y carece de espiritualidad.

- **Si se omite la chimenea**. Refleja pocos recursos para expresar o resolver sus problemas. El niño o el adulto se sienten impotentes para revelar sus emociones.

Elementos accesorios en la casa

Es habitual que el niño o el adulto dibujen algunos elementos externos en la casa.

El sol. Elemento accesorio habitual en los dibujos infantiles. Tanto en niños como en adultos, hace alusión a la figura paterna.

Si aparece ubicado en la zona de la izquierda, indica que el sujeto percibe al padre como una persona protectora. Si por el contrario se ubica en la derecha, en caso de niños que tengan padrastros habla del padre no biológico. Si no están separados, un sol situado a la derecha es sinónimo de percibir a la figura paterna como una persona trabajadora, más desapegada y extrovertida. El color del sol debe ser amarillo. Si se dibuja de otro color debemos tener en cuenta la interpretación del color que se ha elegido. Por ejemplo, un sol de color rojo podría indicar que el niño ve al padre como una persona autoritaria y pasional. Un color inapropiado en este elemento es de gran importancia, ya que reflejara el tipo relación con el padre. Se debe interpretar según el significado del color utilizado para el mismo.

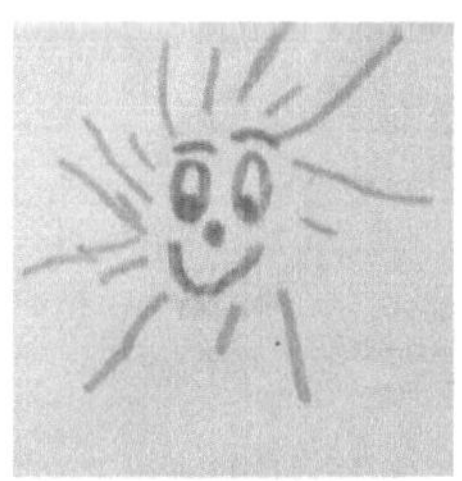

La luna. Es un elemento menos frecuente. La luna hace alusión a la madre. Es símbolo de protección y necesidad de refugio. Se debe tener en cuenta si la luna está dibujada en la zona de la izquierda o la derecha y la dirección de la misma, hacia donde mira la luna.

La luna mirando hacia la izquierda indica una madre protectora y sensible. Una luna mirando hacia la derecha refleja mayor apertura y menos protección.

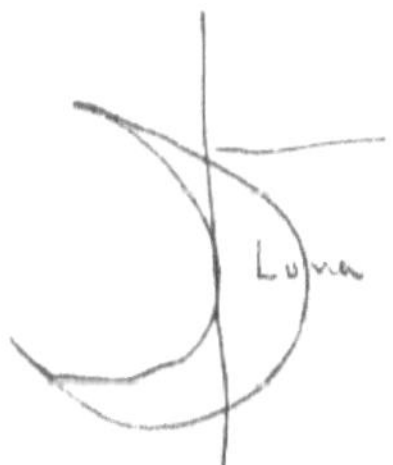

Estanque, piscinas o fuentes. El agua simboliza el inconsciente y la sensibilidad. También hace alusión a la madre. Dependencia materna. El color del agua debe ser azul. Si se utiliza un color que no es habitual para el agua indica problemas emocionales con la figura materna.

Mascotas. Es habitual en niños o adultos que tienen mascotas. En este caso no tiene relevancia. Si por el contrario no tienen mascotas y se dibujan, indica necesidad de cariño en casa. El niño necesita más contacto afectivo con sus padres. En el caso de los adultos, si no tienen mascotas revela miedo a la soledad o necesidad de cariño de su familia o pareja.

Farolas. Necesidad de un hogar cálido. La persona percibe el hogar como un lugar donde se le ocultan cosas o le infravaloran. En caso de niños, necesidad de cariño.

Flores. Símbolo de detallismo y coquetería. Deseos de aparentar, de presumir, armonía en el hogar. Sobrevalorar a la familia. Es aconsejable preguntar al niño o al adulto quién sería esa flor. Si por ejemplo nos dice que esa flor es su madre, simboliza que la sobrevalora y que es imprescindible en su día a día.

Plantas y árboles. Tanto en el caso de niños como adultos refleja sentimientos de protección familiar. Persona que se siente integrada en su hogar. Si los árboles o las plantas están dibujados en mal estado o con colores fuertes, indica preocupación por algún miembro de la familia.

Antenas parabólicas. Necesidad de controlar. El sujeto necesita tener todo en orden, desconfianza e inseguridad.

Copos de nieve. Si el dibujo se ha realizado en época invernal o navideña, no tiene importancia. Si por el contrario se ha realizado en otra estación del año, indica dificultad para resolver problemas.

Nubes. Depende de cómo se dibujen. Si están dibujadas con colores fuertes y con cara de enfado, muestran amenazas, presión y problemas. Es importante observar el número de nubes que se dibujen y preguntar: «Si esa nube fuera una persona, ¿quién sería?». Si por ejemplo responde: «Un compañero del cole», nos estaría alertando sobre conflictos con ese compañero en cuestión. Si por el contrario la nube presenta colores claros, es símbolo de imaginación y fantasía. Personas con tendencia a perderse en su propio mundo.

Pájaros. Símbolo de libertad y creatividad, tanto en niños como en adultos. Necesidad de salir de su zona de confort.

Cuando el sujeto termine el dibujo, es aconsejable hablar con el niño o el adulto para que explique el dibujo realizado, ya que nos dará pistas para conocer el estado emocional de la persona. Por ejemplo, si un niño nos dice que la casa es de paja, esto indica debilidad, a diferencia de que si el material de la casa fuese por ejemplo, ladrillo. Es importante que nos diga si la casa que ha dibujado es habitable o no. En caso de respuesta afirmativa es símbolo de comodidad en su hogar; si la respuesta es negativa nos indicaría problemas con su familia o deseos de mudarse. Si se dibujan elementos suele corresponder el número de miembros familiares con el número de símbolos dibujados.

Ejemplo:

Dibujo de una niña de 10 años que vive con sus padres y su hermana. Se han dibujado cuatro flores como interpretación simbólica e inconsciente de los miembros de su familia.

Dibujo del árbol. «El inconsciente»

«Hasta que el inconsciente no se haga consciente, el subconsciente dirigirá tu vida, y tú lo llamarás destino».

Carl Jung

Las experiencias y sensaciones que vivimos en diferentes etapas de nuestra vida se graban en el inconsciente. Si de pequeños nos han dicho: «Eres tonto», creeremos que lo somos, y esas palabras se guardarán en el inconsciente y se manifestarán con inseguridades en la edad adulta. **El inconsciente es una llave que nos conduce al origen de nuestros conflictos.**

El dibujo del árbol como herramienta proyectiva fue creado por el psicólogo suizo Karl Koch. Según Koch el desarrollo del árbol (de abajo a arriba) guarda relación con la evolución psicológica del sujeto.

Al no percibirlo como un dibujo donde estamos proyectándonos a nosotros mismos, es mucho más inconsciente que si, por ejemplo, hacemos un autorretrato, en el que conscientemente sabemos que nos estamos dibujando a nosotros. **Es el dibujo más instintivo de todos.**

El árbol simboliza la vida, el aprendizaje y el crecimiento. Tanto en niños como en adultos nos ayudará a indagar en las emociones más primitivas y nos invitará a desnudar el inconsciente.

Es un dibujo que nos aportará información sobre:

- La visión inconsciente de nosotros mismos.
- La autoestima.
- Experiencias que nos marcan.
- La creatividad y la capacidad para ejecutar.

Al igual que el dibujo de la casa, se debe hacer en un folio en blanco y entregarlo de manera neutra para no condicionar al sujeto. Se le debe pedir que dibuje un árbol sin especificar el tipo de árbol. Cuanta menos información demos a la persona, menos la condicionaremos y dejaremos que actúe el inconsciente.

El dibujo del árbol se ha utilizado por profesores, pedagogos y psicólogos para conocer las experiencias que han podido condicionar a una persona y profundizar en su autoestima.

Elementos habituales en el dibujo del árbol

Tronco. Simboliza la fortaleza. La capacidad para afrontar las dificultades.

Copa. Refleja el mundo de las ideas, la creatividad e imaginación.

Ramas. Indican el contacto con los otros, la sociabilidad. Recursos para desenvolverse.

Raíces. Se relacionan con las costumbres y el arraigo.

Suelo o césped. El contacto con lo terrenal.

Frutas. En niños es frecuente. Simboliza la dependencia y el apego a la madre. Sin embargo, en adultos es menos usual, refleja dependencia en las relaciones personales. A veces simboliza el apego a los hijos o a su pareja, personas sociables pero con miedo a la soledad.

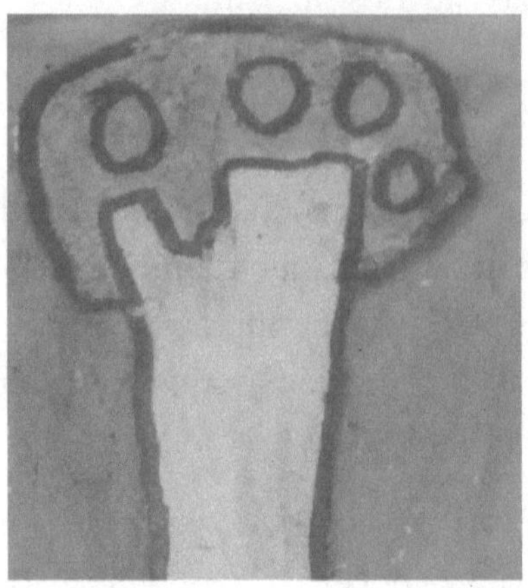

Dibujo de un niño de 9 años. Árbol con frutas

Tronco con manchas o agujeros. Simbolizan problemas que nos marcan y se han grabado en el inconsciente. En este caso es aconsejable saber la edad del niño o el adulto que ha dibujado el árbol.

Las manchas o roturas que están en la zona superior son problemas recientes. Si están en el centro, indican problemas que le dejaron huella en mitad de su vida, y si están al inicio del tronco, experiencias que le marcaron al inicio de sus primeros años de vida. Si tiene varias roturas es símbolo de sufrimiento a lo largo de su vida.

Ejemplo de árbol con tronco con manchas o agujeros:

Dibujo de árbol de una niña de 10 años. En este caso la mancha aparece en el centro del tronco, lo que revela que existe alguna experiencia que la marcó entre los 5 y 7 años de vida aproximadamente, y que le ha delimitado en la evolución de su crecimiento.

Elementos menos frecuentes

Nido. Relacionado con el hogar y reclamo de cuidados. En niños es normal por la dependencia hacia la madre. En adultos se relaciona con el deseo de ser padre o madre de manera inconsciente. Sujetos protectores.

Dibujo de una mujer de 28 años

Elementos que caen. Tanto en niños como en adultos, si del árbol caen frutas o flores simboliza una pérdida que les ha marcado. Es habitual cuando la persona está pasando un duelo.

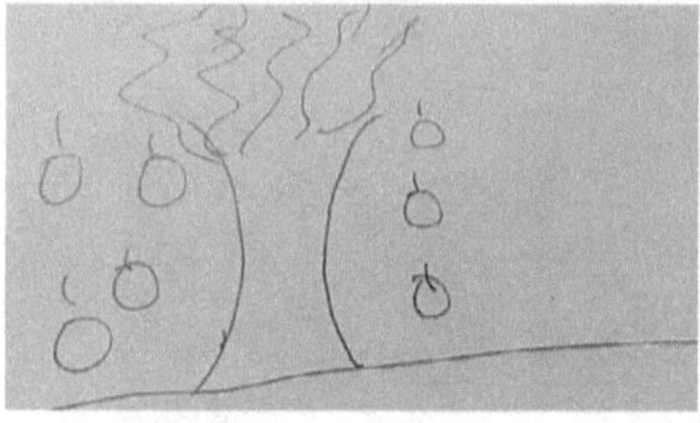

Dibujo de una mujer de 28 años

Arcoiris. Es más frecuente en niños. Personas alegres y optimistas con tendencia a ver el lado positivo de las cosas. Fantasía y alegría. En adultos refleja actitud jovial e infantil.

¿Qué ocurre si la persona omite elementos habituales del árbol?

Árbol sin tronco. Cuando solo se ha realizado la copa o el follaje sin tronco nos encontramos ante una persona imaginativa, pero sin contacto con la realidad.

Árbol sin copa o talado. Refleja pérdidas, en ocasiones es una alerta de un posible estado de depresión y autoestima baja.

Árbol sin ramas. No dibujar ramas es menos alarmante y más frecuente. El hecho de no dibujarlas indica un carácter independiente y menos necesidad de contacto.

Árbol sin raíces. No dibujar raíces es frecuente. Las raíces simbolizan las costumbres y lo oculto. Su ausencia indica que son personas con poco arraigo a las tradiciones y menos terrenales.

Árbol sin césped o suelo. Poco contacto con la realidad. Tanto en niños como en adultos es símbolo de inestabilidad en la familia.

Ubicación del árbol y otros aspectos a tener en cuenta

La ubicación del árbol en el papel comparte la misma interpretación que la ubicación del dibujo de la casa. Un árbol ubicado en la zona de la izquierda del folio revela que la persona es introvertida. Si está dibujado en el centro indica control y búsqueda de equilibrio, y si se encuentra en la zona de la derecha indica extroversión.

En el dibujo del árbol es importante tener en cuenta la edad del niño o el adulto que lo ha dibujado. Principalmente si se han dibujado manchas en el tronco para poder indagar sobre la edad aproximada en la que le marcó un determinado suceso. Todo tipo de verbalizaciones que se hagan durante el dibujo también son de gran ayuda para la interpretación del mismo.

Tipos de árboles

Árbol con copa más grande que el tronco. La copa representa la parte espiritual y creativa. Si la copa es más grande que el tronco, refleja tanto en niños como en adultos una elevada imaginación y capacidad para crear, pero con el defecto de no ejecutar las ideas que quiere llevar a cabo.

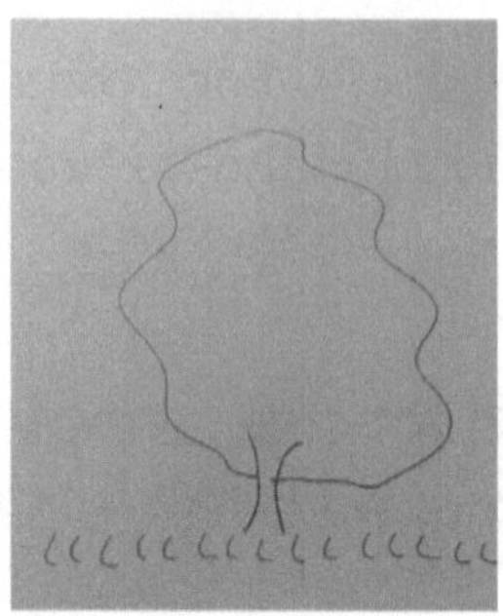

Dibujo hecho por mujer de 28 años

Árbol con copa más pequeña que el tronco. Cuando la copa es más pequeña que el tronco, tanto en niños como en adultos indica que la persona es poco creativa, es práctica y terrenal. El tronco también simboliza el cuerpo. Cuando el tronco es muy grande y se encuentra presionado indica un carácter superficial y preocupación por la estética y el estado físico.

Árbol proporcionado. Si la copa y el tronco se encuentran proporcionados, indica que la persona es creativa y a su vez terrenal. Equilibrio entre la parte espiritual y terrenal.

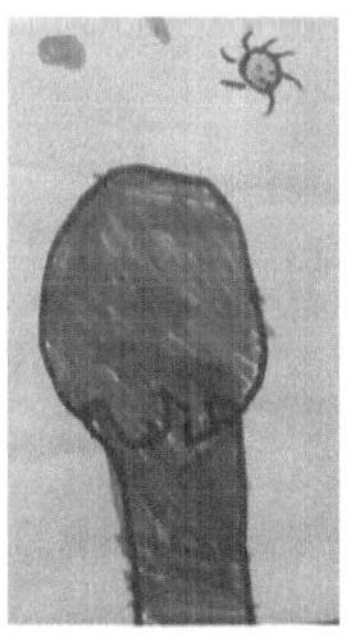

Dibujo hecho por una niña de 5 años

Árbol con copa curva. La curva representa la emotividad. Un árbol que presenta una copa con formas curvas, tanto en niños como en adultos revela imaginación, estética, una persona con tendencia a evadirse y perderse en su propio mundo, cordialidad y sensibilidad.

Árbol con copa angulosa. Si la copa es angulosa indica rigidez ante las ideas, cabezonería, inflexibilidad. Sujetos autoritarios y dominantes.

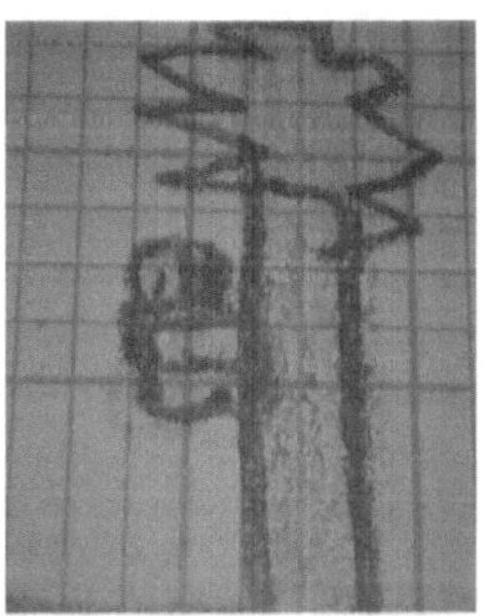

Dibujo hecho por una niña de 6 años

Árbol con copa en forma de espiral. Tanto en niños como en adultos, tendencias narcisistas, coquetería, vanidad.

Dibujo hecho por una mujer de 20 años

Árbol con copa desnuda. En ocasiones, puede hacer alusión a pérdidas que les han marcado, si el niño o el adulto están atravesando un duelo. Si no están pasando un duelo representa poca espiritualidad.

Árbol de Navidad. En niños es frecuente. En adultos es poco habitual, a no ser que el dibujo se haya realizado en época de Navidad. De no ser así, refleja ciertas tendencias narcisistas y deseos de aparentar.

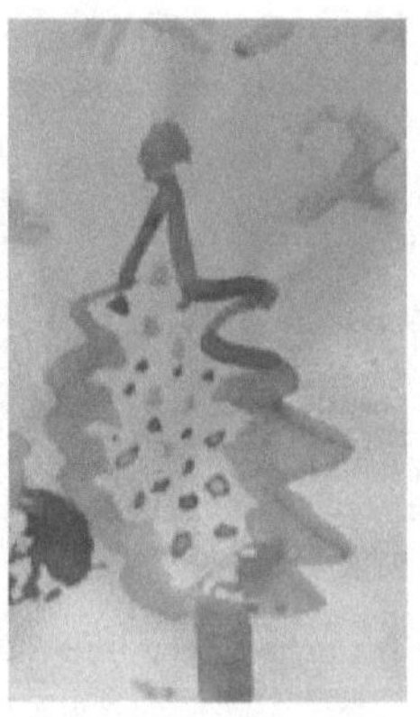

Dibujo hecho por un niño de 5 años

Árbol con raíces que se transparentan. En niños las transparencias son normales; en adultos es poco habitual y revela un fuerte apego a su familia de origen o a su cultura. También es propio de personas que quieren indagar sobre aquello que permanece oculto, capacidad de observación e inquietud.

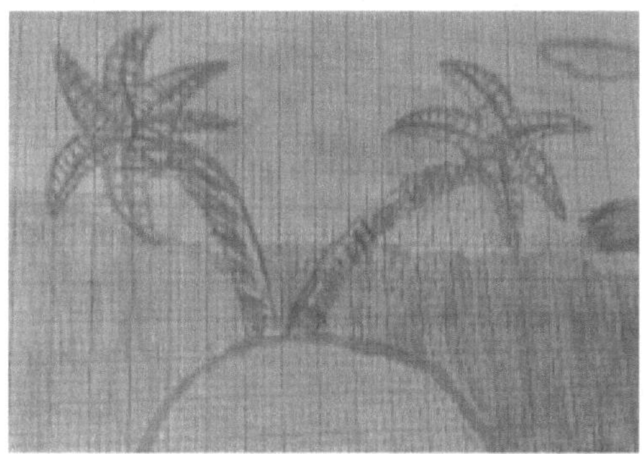

Dibujo hecho por una mujer de 24 años

Árbol con ramas caídas. Tanto en niños como en adultos indica tristeza y falta de motivación.

Árbol con raíces muy marcadas. Arraigo a la familia, tenacidad. En niños es más frecuente; en adultos también es símbolo de personas tradicionales y curiosas por esa necesidad de destapar lo que está oculto.

Palmeras. Tanto en niños como en adultos, revela un carácter adaptable y camaleónico. En niños es habitual si viven en sitios de playa.

Dibujo hecho por una niña de 11 años

Árbol disociado. Árbol que se ejecuta en dos partes. Tanto en niños como en adultos indica cierta tendencia a evadirse de la realidad como mecanismo de defensa. Sujetos con facilidad para distraerse y fantasía.

Dibujo hecho por una niña de 11 años

Dibujar varios árboles. En niños es habitual por esa necesidad de dibujar varios árboles como representación simbólica e inconsciente de los padres u otros miembros de la familia. En adultos es poco frecuente y refleja una personalidad compleja, dependiente y cambiante.

Árbol con ramas soldadas. Es como si estuvieran insertadas, refleja deseo de estabilidad y orden. Personas pacientes y perfeccionistas. En niños el número de ramas soldadas suele correlacionar con los miembros de su familia. Niños con necesidad de rutina y cautela.

Dibujo hecho por un niño de 9 años

Árbol con ramas muy marcadas. Sociabilidad, personas con facilidad para relacionarse. Carisma.

Dibujo hecho por una niña de 9 años

Árbol con tronco marcado. Si el tronco se marca con pequeñas líneas o trazos, en adolescentes puede reflejar problemas con el cuerpo u obsesiones. Sujetos perfeccionistas.

Después de realizar el dibujo del árbol, y al igual que en el dibujo de la casa, se debe hablar con el niño o el adulto, ya que todas sus explicaciones nos ayudarán en la interpretación del mismo. En el dibujo del árbol es aconsejable preguntar si el árbol está vivo o muerto. Si nos responden que está muerto, indica poca vitalidad y tendencia depresiva. Si por el contrario está vivo revela deseos de vivir y superarse. Cuando aparecen manchas o roturas en el tronco, es recomendable que nos cuenten el motivo de la rotura para indagar sobre aquella experiencia que le ha marcado en su vida.

Dibujo de la figura humana. El consciente y la importancia de la sexualidad

«Un buen retrato es una biografía pintada».
Anatole France

El dibujo de la figura humana es una proyección consciente de nosotros mismos o de una persona de gran relevancia en nuestra vida. Como decía el escritor francés Anatole France, **cuando dibujamos en un papel nuestra figura estamos contando nuestra propia historia. Es una proyección mucho más consciente que el dibujo del árbol,** ya que directamente lo asociamos a la figura humana y no a un árbol. Es un dibujo que también ha servido de ayuda para conocer casos de abusos sexuales –principalmente en niños–, porque el hecho de marcar ciertas partes del cuerpo nos aporta una información valiosa para conocer posibles casos de abusos o violaciones.

Por otro lado, también nos dará información sobre el autoconcepto de nosotros mismos, nuestra autoestima. La imagen que nosotros manifestamos está relacionada con la autoestima que tenemos. Es importante confiar en nuestras habilidades y capacidades para sacar la mejor versión de nosotros mismos. **Conocernos y aceptarnos con nuestras virtudes y debilidades nos permitirá crecer y evolucionar como personas.**

Al niño o al adulto se le debe decir que dibuje una «figura humana» sin especificar sexo, para que la persona tenga total libertad para dibujarse a sí mismo o a cualquier persona de gran relevancia en su vida.

El dibujo de la figura humana simboliza:

- El autoconcepto y la autoestima.
- La imagen que queremos proyectar al exterior.
- La relación que tenemos con alguien significativo para nosotros.
- La sociabilización y adaptación al entorno.
- La dependencia e independencia.
- La importancia de la sexualidad.

Elementos habituales en el dibujo de la figura humana

- **Cabeza**. Simboliza la inteligencia, la creatividad e imaginación. En niños es frecuente encontrar figuras humanas con cabezas muy grandes.
- **Cara**. Se relaciona con la afectividad y el modo en que nos expresamos.
- **Cabello**. Representa la sensualidad, la fortaleza y la sexualidad. Es un símbolo de virilidad.
- **Ojos**. Se relaciona con el detallismo, la capacidad de observación y curiosidad.
- **Nariz**. No aparece siempre. Es un elemento que también se ha considerado como elemento fálico, por actuar como órgano secretor. En los dibujos de varones nos aporta información sobre posibles problemas sexuales.

- **Boca**. Se relaciona con la capacidad de comunicación y los placeres primarios.
- **Orejas**. No siempre se dibujan, pero en el caso de que aparezcan simbolizan la necesidad de estar en alerta, sujetos con mayor preocupación por el «qué dirán».
- **Cuello**. Representa el control entre la parte mental y el impulso.
- **Cuerpo/tronco**. Se relaciona con el físico, la sexualidad y el impulso.
- **Hombros**. Simboliza el orgullo, la autodeterminación y el poder o necesidad de reconocimiento.
- **Senos**. Se relaciona con la madre y el apego a la misma. Dependencia a las mujeres o a la figura materna. En adolescentes es frecuente que se marquen los senos en los dibujos.
- **Brazos**. Representa la sociabilidad y la entrega a los demás.
- **Piernas**. Símbolo de independencia y contacto con la realidad.
- **Pies**. Representa la toma de decisiones, la agresividad y sexualidad.
- **Vestimenta**. Apariencia y estética.

Elementos menos frecuentes en el dibujo de la figura humana

- **Cejas**. Por lo general no se suelen dibujar las cejas. En el caso de que estén dibujadas se relaciona con la sensualidad y energía psicosexual.

- **Botones**. El hecho de dibujar un vestido o una camisa con botones es un símbolo de dependencia. Si nos estamos dibujando a nosotros mismos, indica necesidad de contacto. Si estamos dibujando a otra persona, dependencia hacía el sujeto realizado. Es decir, si un niño dibuja a su madre con una camisa con botones simboliza dependencia a la madre. En niños hasta los 7 años es habitual.

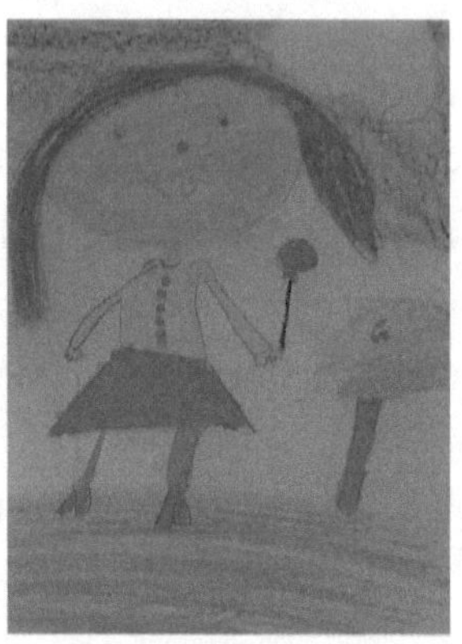

Dibujo hecho por una niña de 6 años

- **Cinturón**. Necesidad de controlar el instinto. En niños se relaciona con presiones por parte de los padres o el colegio; en adultos simboliza personas controladoras que necesitan reprimir las emociones.

- **Corbata**. Está relacionado con la energía psicosexual y la preocupación o necesidad de reconocimiento social. En caso de niños es menos usual que dibujen corbatas. Si están dibujando a alguna persona que suele llevarlas no tiene relevancia, pero si dibujan a su padre o madre con corbata indica que les perciben como personas trabajadoras y ambiciosas.

- **Pipa o cigarro**. Si la persona que estamos dibujando fuma, o si nos estamos dibujando a nosotros mismos y fumamos, no guarda relevancia. Los niños suelen dibujarlo cuando dibujan a su padre o madre y son fumadores. De no ser así, es un símbolo sexual y se relaciona con preocupación sexual.

- **Dientes**. Tanto en niños como en adultos representa agresividad, personas que pueden llegar a ser agresivas verbalmente. Si están dibujando a otra persona es porque perciben a dicho sujeto como una persona estricta, directa y agresiva.

- **Bolsillos**. Revelan inmadurez, dependencia, conflictos internos, deseos de ocultar. Si los bolsillos están dibujados en la zona de la izquierda, los problemas proceden del ámbito familiar. Si por el contrario se realizan en la zona de la derecha, los conflictos proceden del exterior. En casos de dibujos infantiles podrían indicar problemas en el colegio.

- **Zapatos con cordones**. Personas perfeccionistas, necesidad de controlar.

Claves a tener en cuenta

A la persona se le debe decir que dibuje una figura humana, sin especificar el sexo. Lo habitual es que nos dibujemos a nosotros mismos o a personas de gran relevancia, como pueden ser nuestros padres, los hijos o la pareja. Aunque dibujen a otra persona, nos aportará información consciente de cómo percibe a la persona dibujada y aparecen rasgos inconscientes de nosotros mismos.

La ubicación. Dibujar a la figura humana en el centro, a la derecha o a la izquierda, al igual que en el dibujo del árbol y la casa, nos indicará el nivel de sociabilidad de la persona. Una persona dibujada en el centro revela necesidad de control y equilibrio. Si está dibujada a la izquierda indica un carácter nostálgico y reservado, y si por el contrario se dibuja en la zona de la derecha, extroversión y apertura. Cuando están dibujando a los padres es frecuente que los encontremos dibujados en la zona de la izquierda de manera inconsciente, porque dicha zona correlaciona con el hogar, la familia y la zona de confort.

La edad. Es aconsejable (al igual que en todos los dibujos) conocer la edad de la persona que los ha dibujado, pero en este caso cuando la persona se esté dibujando a sí misma es recomendable preguntar qué edad tiene la figura humana que ha dibujado. Si por ejemplo, nos dice que ha dibujado a una persona de 10 años y ella tiene 15, se trata de un dato significativo, ya que a esa edad es probable que el sujeto guarde algún suceso que le marcó. Si responde la edad que tiene, revela conformidad en el momento presente, y si se pone más años, deseos de evolucionar. En niños es frecuente que digan que la persona humana que han dibujado tiene más años que ellos. En adultos es poco habitual.

Con respecto a la edad, en niños entre 3 y 4 años de edad es habitual que dibujen caras sin cuerpos, o con brazos y piernas sin tronco. A partir de los 5 o 6 años ya aparece el tronco, y a partir de los 7 u 8 años ya agregaran detalles como el cuello o vestimenta. Por lo tanto, la omisión del tronco en los dibujos infantiles de niños entre 3 y 5 años carece de valor interpretativo.

En adolescentes, el cuerpo adquiere mayor relevancia, pueden marcarlo más y enfatizar o presionar los hombros y el pecho.

El sexo. Si la persona que lo ha dibujado es mujer, por lo habitual suelen dibujar personas del sexo femenino o de su mismo sexo, al igual que los hombres. Pero si dibujan a alguien del sexo contrario por un lado puede indicar preocupación por dicha persona en cuestión o fijación con el sexo opuesto.

***Se debe entregar el folio de manera neutra para no condicionar la posición de la figura humana en el dibujo, y dar mayor libertad a la persona.**

Tipos de dibujos de figura humana

Figura humana con cabeza más grande que el cuerpo. Es habitual en niños o en personas con imaginación y fantasía. Personas menos realistas y más idealistas.

Dibujo hecho por una mujer de 25 años

Figura humana sin tronco. Es habitual en niños entre 3 y 5 años. Poco contacto con la realidad. En adultos es menos frecuente e indica idealismo. Cuando se dibuja a los padres es frecuente que se les dibuje sin cuerpo, porque la parte de la sexualidad está anulada.

Dibujo hecho por una niña de 9 años

Figura humana con cabeza más pequeña que el cuerpo. Habitual en adolescentes y menos frecuente en niños. Personas instintivas que disfrutan de los placeres más primarios, mayor superficialidad, realismo pero poca imaginación y espiritualidad.

Figura humana con ojos grandes. Deseos de controlar y observar, elevada carga emocional y sensibilidad. Sujetos curiosos, susceptibles e inquietos.

Dibujo hecho por una niña de 4 años

Figura humana con ojos pequeños. Despiste, inmadurez, menos detallismo e introversión.

Dibujo hecho por una mujer de 22 años

Figura humana con gafas. Tendencia a percibir sus opiniones de manera subjetiva y tozuda. Dificultad para conocer otros puntos de vista.

Dibujo hecho por un hombre de 18 años

Figura humana con ojos cerrados. No querer ver la realidad de las cosas, tendencia a evadirse y ponerse «una venda en los ojos». En niños puede revelar tristeza e inseguridades.

Dibujo hecho por una mujer de 33 años

Figura humana con nariz grande. En hombres de libido potente, persona autoritaria. Si aparecen otros rasgos como dientes marcados o trazo fuertes, refleja agresividad. En caso de niños, que estén dibujando a personas que en la realidad tienen la nariz grande carece de valor interpretativo.

Dibujo hecho por un hombre de 18 años

Figura humana con nariz pequeña. No es un rasgo tan significativo porque la nariz no siempre se suele dibujar. No obstante revela timidez, pasividad, cautela. Sujetos tranquilos.

Dibujo hecho por una niña de 6 años

Figura humana con boca grande y marcada. Tanto en niños como en adultos refleja sensualidad y coquetería. Si están dibujando a otra persona, puede reflejar interés sexual hacia la persona dibujada.

Dibujo de una niña de 5 años

Figura humana con boca enseñando los dientes. Agresividad verbal. Si se están dibujando a sí mismos, tanto en niños como en adultos es un símbolo de carácter irritable y violento. Si están dibujando a otra persona, conflictos con la misma o la proyección consciente de percibirlo como sujetos irascibles y problemáticos.

Dibujo hecho por un niño de 9 años

Figura humana con boca cóncava En nïños es habitual, carácter alegre y complaciente. En adultos refleja cierto infantilismo, una actitud jovial y cercana.

Dibujo hecho por una mujer de 22 años

Figura humana con boca convexa. Símbolo de desaliento y tristeza en el momento en que ha ejecutado el dibujo. Tanto en niños como en adultos, si están dibujando a otra persona indica que sienten a esa persona triste y desanimada.

Dibujo hecho por una mujer de 22 años

Figura humana con cuello largo. Personas controladoras y elitistas. Si están dibujando a otra persona, indica que la perciben como altiva y estricta.

Figura humana con cuerpo pronunciado y marcado. En adolescentes es habitual. En niños menores de 10 años puede ser un rasgo alarmante de problemas de abusos sexuales, si se marcan zonas genitales. En adultos indica preocupación por la estética y el cuerpo. Sujetos que disfrutan de los placeres más primarios.

Figura humana con torso desnudo. En caso de niños se debe preguntar la razón por la que han dibujado a una persona desnuda. Si por ejemplo nos dicen que es porque han visto a sus padres cambiándose de ropa o en la playa, no tiene relevancia, pero si no nos quieren responder o nos cuentan alguna situación extraña, puede ser indicativo de problemas de abusos sexuales. En adolescentes es frecuente por esa preocupación e interés consciente de la sexualidad. En adultos se suele correlacionar con interés sexual, preocupación por el cuerpo o conflictos sexuales. Si están dibujando a otra persona, interés físico por dicho sujeto.

Dibujo hecho por un hombre de 18 años

Figura humana con senos marcados. En niños indica apego y dependencia a la madre. En adolescentes es habitual y carece de interés interpretativo. En adultos es un reflejo de preocupación por la estética y el culto al cuerpo. Si están dibujando a su propia madre, refleja admiración y apego a la misma.

Figura humana con hombros pronunciados. Símbolo de ambición, independencia, empoderamiento y autoridad.

Figura humana con brazos y manos grandes. Necesidad de contacto con los otros, cariño y afecto. Se debe observar la mano izquierda y la mano derecha. Si la mano de la zona de la izquierda es más grande que la derecha, indica necesidad de contacto y afecto con la familia. Si la mano más grande es la derecha, nos señala necesidad de vínculo procede del exterior. Sujetos que pueden llegar a coger confianza y con pocas habilidades sociales.

Dibujo hecho por un niño de 9 años, pero se proyecta con 13 años

Figura humana con brazos pequeños y manos escondidas. Introversión y timidez. Si la mano que se esconde pertenece a la zona de la izquierda, esto muestra recelo y problemas con su hogar y familia. Si por el contrario, la mano escondida es la derecha, son conflictos o problemas que proceden del entorno social o externo.

Dibujo hecho por una mujer de 33 años

Figura humana con armas. Cuando aparecen armas como cuchillos o pistolas siempre debemos preguntar la razón. En niños puede darse cuando están viendo alguna película de acción o juegan a luchar. De no ser así, es un signo de agresividad y acción. Es importante observar con qué mano coge dicha arma. Si es la mano izquierda, señala conflictos que proceden de la parte familiar; si lo coge con la mano de la derecha, conflictos del exterior, aunque a veces puede ser un mecanismo de defensa por amenazas con compañeros del colegio. En el caso de los adultos refleja inmadurez y agresividad.

Dibujo hecho por un niño de 7 años

Figura humana con dedos en forma de garras. En niños menores de 6 años carece de valor interpretativo, por esa falta de psicomotricidad. En adultos y niños a partir de 7 años revela egoísmo y problemas para relacionarse con el entorno.

Dibujo hecho por un niño de 5 años

Figura humana disociada. Figuras que pueden tener 4 ojos, 2 bocas o varias siluetas o trazos a la hora de dibujarse, como si el dibujo tuviera varios planos. Sujetos con tendencia evasiva, no querer ver o solucionar conflictos internos. Personas poco rencorosas.

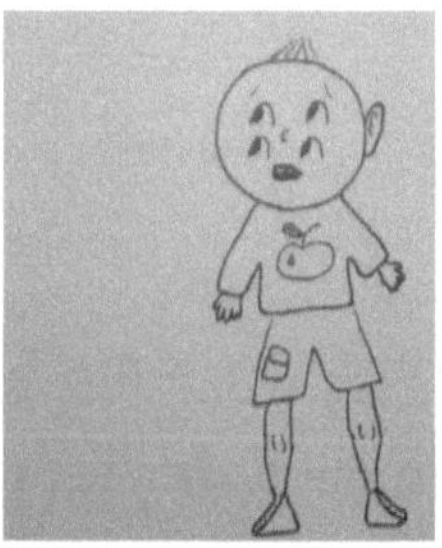

Dibujo hecho por una mujer de 22 años

Figura humana con piernas largas. Tanto en niños como en adultos, sujetos independientes y orgullosos.

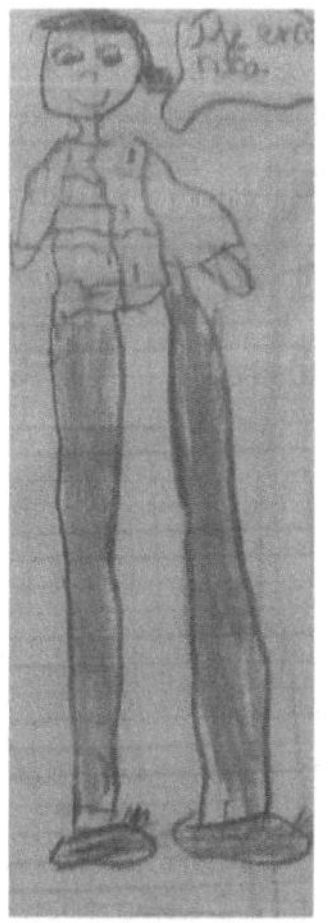

Dibujo hecho por una niña de 6 años

Figura humana con piernas cortas. Sujetos pragmáticos y poco ambiciosos. Personas instintivas.

Figura humana con pies orientados en distinta dirección. Ambivalencia e inseguridad para decidir. Sujetos influenciables y pasivos.

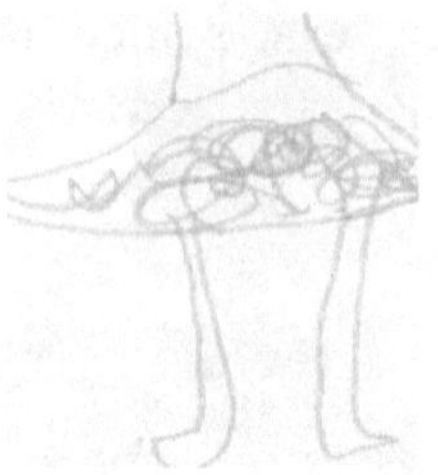

Dibujo hecho por un niño de 5 años

Figura humana con pies de frente y bien apoyados. Tanto en niños como en adultos revela seguridad, firmeza y sentimientos de aplomo.

Figura humana con expresiones verbales. En niños a partir de los 6 años es frecuente. En adultos es menos habitual. Se debe leer y tener en cuenta el texto utilizado, ya que suele ser una llamada de atención, un mensaje consciente que quiere manifestar. Si se dibuja a una persona desnuda y aparecen expresiones de urgencia como SOCORRO, es un caso alarmante que puede alertarnos sobre problemas de abusos sexuales.

Dibujo hecho por una niña de 7 años

Figura humana con las manos en los bolsillos. Cuando se están dibujando a sí mismos son deseos de ocultarse, personas reservadas. En caso de que nos digan que están dibujando a un familiar, muestra conflictos con dicha persona o la sensación de sentir que nos oculta cosas.

Dibujo hecho por mujer de 59 años

¿Qué pasa cuando se omiten elementos frecuentes en la figura humana?

- **Sin rasgos faciales**. Problemas de identidad. Personas con dificultad para comunicarse. Actitud defensiva frente al medio.

- **Sin ojos**. Sujetos que no quieren ver la realidad. Tendencia a evadirse de los problemas y la realidad.

- **Sin nariz**. En niños es habitual y carece de interpretación. En adultos podría indicar conflictos sexuales y timidez.

- **Sin boca**. Revela impotencia para comunicar. Falta de libertad para manifestar o expresar sus ideas. En adultos, también puede guardar relación con timidez para establecer contactos sexuales.

- **Sin cuello**. En niños hasta los 9 años es habitual y no guardaría mayor relevancia; en adultos y niños a partir de 10 años, refleja impulsividad y poco control entre la parte espiritual e instintiva.

- **Sin cuerpo**. Tanto en niños como en adultos, si están dibujando a los padres es habitual que se omita, ya que la zona genital esta reprimida. En el caso de que se estén dibujando a sí mismos, control y represión de la parte instintiva.

- **Sin manos o brazos**. Poco contacto con el entorno social, aislamiento y egoísmo.

- **Sin piernas**. Sujetos dependientes y con poca movilidad. La persona percibe que tiene poca libertad de movimiento y autonomía.

- **Sin pies**. Poco contacto de la realidad, personas con tendencia a evadirse y perderse en su propia fantasía. En adultos es símbolo de inmadurez.

Después de realizar el dibujo de la figura humana, debemos preguntar quién es la persona que ha dibujado. Si nos contesta que se ha dibujado a sí mismo, nos está aportando información consciente de su personalidad. Si por el contrario nos dice que es otra persona, como puede ser su padre, madre, hijos o pareja, nos revelará la percepción consciente de los sujetos mencionados y la relación que tiene con ellos. Cuando se dibuja a otra persona correlaciona con admiración a dicho sujeto, o por el contrario representa conflictos o preocupación hacia la persona en cuestión; todo dependerá del dibujo y las verbalizaciones del autor. Si la persona que ha ejecutado el dibujo nos dice que no sabe a quién ha dibujado, refleja una percepción inconsciente de su personalidad o una proyección de desear ser el sujeto dibujado.

Si la persona es un hombre y, por ejemplo, dibuja a una mujer o a un sujeto que no se parece en nada a sí mismo, pero nos dice que se ha autorretratado, es un deseo consciente de no sentirse identificado con su propio sexo y la no aceptación de su identidad. Esto es frecuente en personas transexuales, que manifiestan conscientemente su deseo de pertenecer al sexo contrario.

Dibujo de la familia real e imaginaria. «La adaptación en la familia, la oveja negra»

«La persona que sigue a la multitud normalmente no irá más allá de la multitud. La persona que camina sola, probablemente llegará hasta lugares donde nadie ha estado antes».
Albert Einstein

El dibujo de la casa nos habla del hogar y el ambiente familiar. La proyección de la figura humana nos aporta pinceladas sobre la percepción que podemos tener de miembros o parientes que admiramos o que por el contrario detestamos. El dibujo de la familia nos ilustra una proyección consciente de cómo percibimos a la familia (la familia real) y cómo nos gustaría que fuera nuestra familia (familia imaginaria). En todas las familias existen problemas y el componente biológico y hereditario de los mismos condiciona y moldea aspectos de nuestro carácter.

Actualmente no podemos hablar solo de la familia tradicional, compuesta por padre, madre e hijos. Existen familias diversas como consecuencia de separaciones, divorcios, familias monomarentales, monoparentales, etc.

En esta proyección conoceremos el estado de la familia y si realmente está rota, entendiendo la desestructuración familiar desde un punto de vista emocional. Es decir, familias que físicamente están unidas, pero a nivel afectivo estén separadas. Esto es habitual entre padres que no sienten lazos emocionales hacia su pareja, pero que permanecen unidos por los hijos o familias distantes, pero a la vez unidas cuando los miembros de la familia no se ven físicamente pero a nivel emocional sienten cariño, apoyo y respeto hacia los otros.

En todas ellas existen diferencias y miembros que se sienten inadaptados, que es lo que comúnmente denominamos **«la oveja negra de la familia», sujetos que se ven dispares a sus familiares pero que a nivel biológico pertenecen al mismo linaje**. Las personas que se consideran ovejas negras en familias insanas emocionalmente, suelen sentir incomprensión en su familia, y por lo general tienen la necesidad de buscar la aprobación en el exterior, conociendo a personas que compartan los mismos gustos, ideales o hobbies, dando mayor importancia a «la familia que crean» como pueden ser los amigos. Es lo que yo denomino **«la oveja negra rechazada»,** pero cuando la familia es sana a nivel emocional, la persona que piensa o es distinta con respecto al resto se siente escuchada y respetada, aportando su visión de las cosas desde el respeto y la aceptación. Es lo que yo denomino **«la oveja negra aceptada». Todos somos diferentes, a pesar de poder compartir rasgos físicos o personales con nuestros familiares, y aceptar las diferencias desde el diálogo y la capacidad para empatizar es la base para que una familia permanezca unida. El rechazo por parte de abuelos, padres, a miembros diferentes de la familia, genera problemas de autoestima para la persona que se siente desplazada.**

El dibujo de la familia real es el menos proyectivo de todos, porque la persona ilustra a su familia de una manera consciente. Es más frecuente que se haga en niños que en adultos. En el caso de adultos suelen dibujar la familia que han formado.

Es un dibujo que nos permite saber:

- La relación que tiene con su familia.
- Si la persona se siente adaptada o inadaptada en el entorno familiar.
- Unión o desunión entre los familiares.
- Problemas de celos entre hermanos.
- Problemas de complejo de Edipo o Electra.
- Problemas de abusos sexuales que se han podido dar dentro del clan familiar.

Claves a tener en cuenta

En el dibujo de la familia real, lo habitual es que se dibuje a los miembros de la familia. Si por el contrario se dibuja a personas que trabajan en el hogar o amigos, es porque el sujeto siente a esas personas como familiares.

Se debe tener en cuenta la posición de los miembros de la familia; es decir, si están ubicados en la zona de la izquierda (miembros hogareños y más próximos al sujeto) o si están dibujados en la zona de la derecha (miembros más despegados para el sujeto). También es importante el tamaño en el que se dibujen, pues revela la importancia o autoridad que dan a dichos miembros. Las figuras de gran tamaño son personas que el sujeto percibe con potestad, pero si son de menor tamaño suele correlacionar con familiares de menor rango de edad o que la persona percibe de poca autoridad dentro del linaje familiar.

Todos los rasgos y el modo en el que se dibujen a los familiares nos hablará de la percepción consciente e inconsciente que tienen de los mismos.

El uso del color utilizado en la vestimenta de los mismos nos aporta información sobre la percepción que tienen sobre la personalidad de los familiares. Por ejemplo, un padre vestido de azul señala que el niño siente al padre como un sujeto tranquilo y pacífico.

Sirve tanto para niños como para adultos, pero en niños nos aporta mayor información, ya que son mucho más inconscientes a la hora de dibujar y suelen ser más espontáneos para plasmar todo aquello que ven en su familia.

Al igual que en el resto de los dibujos, se debe entregar un folio de manera neutra sin condicionar la posición y los lápices o colores que se deseen.

Tipos de familia real

Tradicional. La persona dibuja a los miembros de la familia tradicionales, padre, madre, hermanos, etc. Si se dan la mano, contacto y comunicación entre los miembros. Si no se dan la mano, poco contacto entre ellos y falta de diálogo.

Dibujo de la familia de una niña de 6 años

Con padres ausentes. En este caso se debe preguntar al niño o al adulto si son huérfanos. De ser así, carece de interés interpretativo. En el caso de los niños, si no son huérfanos, sienten carencias por parte del padre o madre que no se ha dibujado. Puede ser una ausencia real, cuando los padres por motivos laborales o personales pasan poco tiempo con el niño, o ausencia imaginaria, cuando los padres pasan tiempo en casa o con los hijos, pero el niño siente su ausencia. En estos casos, pueden aparecer dibujos con complejo de Edipo o Electra, donde el niño se dibuja de gran tamaño cerca del padre o madre y desplazando o anulando la figura paterna o materna. En el caso de los adultos, la ausencia de los padres carece de relevancia, porque por lo general dibujan a la familia que ellos han formado. A su pareja o a sus hijos.

Familia en la que se omite a la figura paterna.
Dibujo de una niña de 9 años.

Con hermanos ausentes. Cuando el niño tiene hermanos y los omite revela un problema de celos o conflictos con el hermano en cuestión. En dibujos de niños entre 3 y 9 años de edad que han tenido hermanos recientemente es habitual.

Con mascotas. En niños o adultos que tienen mascotas es frecuente que lo dibujen. Si no tienen mascota, sensación de soledad interna, deseos de compartir y demanda de calor familiar. Personas protectoras.

Familia con mascota de una niña de 8 años

Con miembros que no pertenecen a la familia. En niños es frecuente que dibujen a su canguro o profesores. El niño siente a esas personas como familia. Si están omitidos los padres, carencias afectivas procedentes de los progenitores. Sujetos que para el niño suplen las carencias y ocupan el lugar de su padre o madre a nivel emocional. En adultos es poco frecuente; no obstante, refleja conflictos familiares o inadaptación en la familia, buscando la necesidad de encontrar referentes o sustitutos que suplan dichas ausencias.

Con miembros que aparecen desnudos. Es un símbolo alarmante que puede señalar problemas de abusos sexuales entre sujetos dentro del mismo linaje familiar. En este caso, se debe observar qué personas aparecen desnudas. Si por ejemplo aparecen desnudos el padre y la hija, puede ser un síntoma de abusos sexuales entre dichos miembros. Pero para llegar a esta conclusión es necesario fundamentarse en más dibujos y en la explicación que el autor nos aporte, ya que si por ejemplo nos dice que le dibuja desnudo porque ha visto a su padre en una playa nudista, carece de interpretación. No olvidemos que los niños tienen la necesidad de ilustrar todo lo que ven. En el caso de adultos, es una necesidad consciente de querer ilustrar un problema de abuso sexual dentro de la familia o un complejo de Edipo o Electra sin sanar.

Con fantasmas o personajes que han fallecido. Cuando hace poco ha fallecido un familiar y se dibuja, es habitual que los niños que lo han conocido lo ilustren. Revela sentimientos de añoranza y un deseo de ilustrarlo. Cuando por el contrario, el niño no lo ha conocido y lo dibuja, puede ser un indicio de situaciones paranormales que el niño ha experimentado y desea manifestar a través del dibujo. A veces pueden ilustrarlos si han escuchado hablar del mismo recientemente. En caso de adultos, es una sensación de nostalgia hacia aquel ser querido, necesidad consciente de tenerlo presente.

Los fantasmas son símbolo de fantasía y ficción en los niños, en adultos revela espiritualidad y conexión directa con el «yo infantil».

Dibujo de una familia hecho por una mujer de 22 años

La familia imaginaria

La familia imaginaria simbólicamente se asocia a la mejora y los deseos inconscientes que la persona desea para su familia. Es una proyección mucho más libre que la familia real. Se utiliza para conocer las virtudes y carencias que tiene un niño o un adulto con respecto a su familia actual. Es aconsejable pedir que dibuje a una familia imaginaria después de dibujar a la familia real, para comparar qué diferencias encontramos y lo que el sujeto anhela.

Se puede aplicar tanto en niños como en adultos, pero tiene mayor interés entre la población infantil. En este caso, el dibujo es mucho más inconsciente porque estamos dando mucha más libertad para ilustrar el dibujo.

Es una proyección que nos permite saber:

- Las carencias de una persona con respecto a su familia.
- El papel que al sujeto le gustaría desempeñar dentro de su linaje familiar.
- Conflictos familiares y de apego. Complejo de Edipo y Electra.
- La creatividad.
- La adaptación o inadaptación con respecto a su familia.

Claves a tener en cuenta

En este caso, se le debe decir a la persona que «dibuje una familia» sin especificar «tu familia», si nos insiste le podemos decir que «puede ser una familia que tú imagines»

Al igual que en el resto de los dibujos, se debe entregar un folio en blanco de manera neutra para no condicionar a la persona junto con los lápices o colores que desee.

En este caso, se debe observar la ubicación de los miembros que ha dibujado, el color que utilice y el tamaño de las figuras que componen dicha familia.

Tipos de familias imaginarias

Similar a su familia real. Tanto en niños como en adultos, el sujeto se siente a gusto en su familia y la acepta tal y como es.

Diferente a su familia real. Tanto en niños como en adultos, el sujeto no se siente adaptado en su entorno familiar. Este dibujo es frecuente en aquellos que se sienten «ovejas negras rechazadas». También aparece en niños adoptados, que desean conocer a sus padres biológicos.

De animales. Es frecuente en niños, revela fantasía e imaginación, sensibilidad y capacidad de evasión. En adultos es poco frecuente, no obstante es un símbolo de creatividad e infantilismo.

Con parejas homosexuales. Si el niño no tiene padres homosexuales, interés por la sexualidad o deseo consciente de manifestar su deseo. En el caso de que sus padres o algunas personas cercanas sean homosexuales carece de interés interpretativo. En adultos homosexuales, expresión manifiesta de su sexualidad; en el caso de personas heterosexuales, podría ser indicio de una sexualidad reprimida o problemas de identidad.

Dibujo de una niña de 10 años

De personajes de dibujos animados. Frecuente en niños, imaginación y fantasía. En adultos es menos frecuente, sujetos conectados con el «yo infantil» y creativos.

En el dibujo de la familia imaginaria, se debe preguntar qué papel ocuparía el autor en dicha familia. Si por ejemplo ella es madre y dice que ocupa el papel de hija, indicaría deseo inconsciente de actuar con menor responsabilidad o conflictos con los hijos. Sin embargo, si es un hijo y dice que es el padre, revela que el niño siente desprotección o poca autoridad de sus progenitores. Cuando nos dicen el mismo lugar que ellos ocupan, es un signo de adaptación en la familia.

Al ser una proyección libre, nos permitirá una mayor conexión con el inconsciente para descubrir aquellos lazos emocionales que debemos sanar con nuestra familia.

Dibujo de la persona bajo la lluvia. La actitud ante las adversidades

«No hay nada permanente en este malvado mundo. Ni siquiera nuestros problemas».
Charles Chaplin

La vida no es un camino de rosas; es un sendero repleto de plantas, flores, espinas y piedras. Transitarlo no es tarea fácil, no todo es tan sencillo, **nadie se va de este loco mundo sin sufrir, pero tampoco se va sin reír.**

Las adversidades son pruebas, retos que nos pone la vida para comprobar la fortaleza que tenemos. Todo tiene un aprendizaje y descubrirlo es la misión que venimos a aprender.

Las personas que nos traicionan, la pérdida de un ser querido, el rechazo, un despido laboral, una enfermedad que nos arrastra, la pobreza, las injusticias, las adversidades que alteran nuestro paso por la vida siempre nos ponen a prueba, y para afrontarlas es importante tener actitud. **Una mente positiva y una actitud confiada es capaz de vencer cualquier obstáculo; una mente negativa se acomoda en el victimismo, el camino del cobarde que estanca y paraliza la evolución de su existencia.**

El optimismo es el arma del fuerte, la negación el escudo del débil.

La proyección de la persona bajo la lluvia es un dibujo que nos aporta información sobre la actitud de la persona ante las dificultades, los problemas que permanecen o atormentan y los recursos que posee para combatirlos.

Es un dibujo que nos aporta información sobre:

- Cómo influye el exterior en el sujeto.
- Los recursos para afrontarlos.
- Las presiones del entorno.
- En el caso de mujeres nos puede informar de problemas en el parto o depresión posparto.
- Nos aporta información sobre si la persona se encuentra en un estado depresivo y la carga emocional del sujeto.
- Es una proyección que se ha utilizado en recursos humanos para conocer la capacidad que tiene una persona para resolver conflictos.

Claves a tener en cuenta

Tanto al adulto como al niño se le debe entregar un folio en blanco de manera neutra, para no condicionar la posición del mismo. Junto con lápices y colores que la persona quiera utilizar.

Se le debe de decir que dibuje «una persona bajo la lluvia» sin decir el sexo de la persona, ni que dibujen accesorios como paraguas o impermeables.

Elementos frecuentes en el dibujo de la persona bajo la lluvia

- **Gotas de agua**. Las gotas de agua están relacionadas con los problemas del sujeto. En este caso se debe observar el tamaño de las gotas. Si son grandes o pequeñas y si ocupan todo el folio o una parte del mismo. Si son grandes, simboliza problemas que el sujeto percibe como graves y de gran importancia. Si son finas, problemas de poca relevancia para el sujeto.

- **Paraguas**. Es un elemento clave del dibujo; su presencia o no es de gran relevancia. El paraguas simboliza los recursos que tiene la persona para afrontar las dificultades. La no existencia del mismo señala falta de recursos.

- **Nubes**. Las nubes se relacionan con la presión de personas próximas al sujeto. Se debe observar el número de nubes que permanecen y el color empleado en el caso de que estén coloreadas. Los niños suelen dibujar dos nubes, que guarda relación con la presión dc los padres. En caso de adultos puede ser presiones sociales o familiares que le atormentan. Es importante observar la ubicación de las nubes, ya que si se dibujan en la zona de la izquierda indica presión familiar o procedente del hogar. Si se dibujan en la zona de la derecha, presión procedente del entorno social o el exterior. En caso de niños puede alertarnos sobre problemas de acoso escolar, y en adultos presiones laborales o de personas ajenas a la familia.

Elementos menos frecuentes en el dibujo de la persona bajo la lluvia

Rayos o truenos. Cuando se dibujan rayos o truenos es un símbolo de angustia significativa. Ansiedad y problemas de gran relevancia para el sujeto.

Charcos. En el caso de las mujeres, problemas en el embarazo o el parto. En caso de niños, conflictos en los primeros años de vida. Cuando los dibuja un hombre de edad adulta, problemas relacionados con el vínculo materno o durante su infancia.

Charcos con mucha agua. Es una advertencia a un posible estado depresivo. Sujetos hipersensibles y emocionales.

Sombreros. Protección y recursos para combatir influencias externas procedentes del pensamiento o ideologías. Control ante las adversidades.

Chubasquero. Recursos para proteger la parte instintiva o de los impulsos. Control del instinto y las emociones, reserva y timidez.

Dibujo hecho por una mujer de 33 años

Gotas de agua de colores poco frecuentes como tonos rojos, rosas, marrones o amarillos. Es algo muy poco habitual. En este caso, es importante tener en cuenta el color utilizado e interpretarlo según el significado del color elegido. Por ejemplo, si se usa el color rojo, revela problemas procedentes de la parte instintiva. Gotas de color rosa, indica obstáculos relacionados con las relaciones amorosas. Gotas amarillas, problemas de intelecto y creatividad. Gotas marrones, dificultades afectivas relacionadas con recursos básicos y escasez material. En el caso de los niños, carencias afectivas procedentes de los progenitores.

Arcoiris. Elemento que revela optimismo y una actitud alegre ante las adversidades. Sujetos risueños y fantasiosos.

Tipos de dibujos de personas bajo la lluvia

Persona bajo la lluvia con paraguas que cubre todo el cuerpo. El sujeto tiene recursos para afrontar cualquier obstáculo. Personas resolutivas y prácticas.

Persona bajo la lluvia con paraguas que solo cubre parte de su cuerpo. Es importante observar qué zonas o partes del cuerpo están cubiertas. Si cubre la zona de la izquierda, el sujeto tiene recursos para afrontar problemas internos o familiares, pero no tiene capacidad para solventar problemas procedentes del exterior. Si por el contrario, cubre la zona de la derecha, resuelve conflictos externos pero con dificultad para solucionar los problemas procedentes del hogar o la familia. Actitud escapista ante los conflictos familiares.

Dibujo hecho por una mujer de 59 años

Persona alegre bajo la lluvia. Actitud optimista a pesar de las dificultades. Control y fortaleza. Si está alegre y no dibuja paraguas, despreocupación y falta de recursos para afrontar los problemas. Si dibuja paraguas, actitud confiada y resolutiva para combatirlos.

Persona triste bajo la lluvia. Desaliento y tristeza. Actitud pesimista y negativa. Si no dibuja paraguas y está triste, actitud victimista y pasiva para resolverlos. Si dibuja paraguas, el sujeto no confía en sus propios recursos.

Dibujo hecho por una mujer de 22 años

Persona desnuda bajo la lluvia. Conflictos procedentes de problemas sexuales. Puede correlacionar con violaciones o abusos sexuales. Si aparece un paraguas la persona tiene recursos para expresar lo sucedido; si no tiene paraguas, conflictos sexuales sin resolver y manifestar.

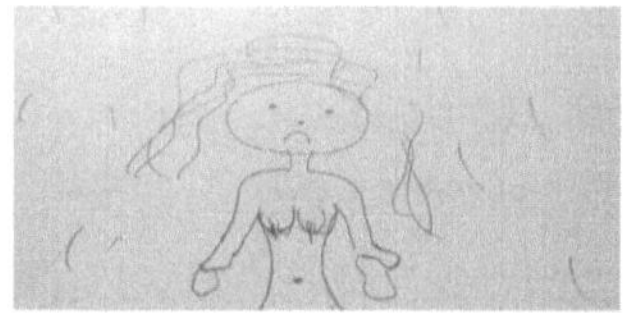

Dibujo hecho por una mujer de 22 años

Dibujar varias personas bajo la lluvia. Preocupación por algunas personas cercanas al sujeto o conflictos con personas próximas. Sujeto preocupado por su entorno, ambiente hostil. Tener mayores recursos para solucionar conflictos de otras personas, pero con dificultad para solventar los suyos.

Dibujo hecho por un hombre de 18 años

¿Qué pasa cuándo se omiten los elementos habituales en el dibujo de la lluvia?

Omisión de gotas de agua. El sujeto no percibe problemas de gran relevancia en su vida, carácter despreocupado y rebelde. Algunos autores lo han relacionado con problemas de déficit de atención, ya que cuando le dices al niño o al adulto: «Dibuja a una persona bajo la lluvia», lo habitual es que dibujen al menos gotas de agua. En algunos casos también se ha relacionado con una provocación o interés por llamar la atención.

Dibujo hecho por un hombre de 18 años

Omisión del paraguas. La omisión del paraguas es de gran relevancia. Muestra pocos recursos para afrontar los problemas. Necesidad de ayuda.

Omisión de nubes. El sujeto no siente presiones familiares ni externas para solventar los problemas o dificultades.

Después de que se realice el dibujo, se debe preguntar al sujeto quién es la persona que ha dibujado y si se está mojando. Si nos dice que la persona que ha realizado es él mismo, los problemas están relacionados con su personalidad. Si dibujan a otro sujeto, preocupación hacia alguna persona de su entorno. Si se está mojando, los obstáculos le afectan y no se están resolviendo. Si por el contrario nos dice que no se moja, los problemas se están resolviendo y no son de gran relevancia. Actitud positiva y resolutiva para superarlos.

Claves para detectar el *bullying* en los dibujos infantiles

«Desde que tenía 16 años he sentido una nube negra sobre mí; desde entonces, tomó pastillas para la depresión».

Amy Winehouse

El *bullying* y el acoso escolar es la exposición reiterada de agresiones físicas o verbales que sufre un niño cuando acude al colegio. Es un problema que por desgracia sigue vigente. Existen diversos tipos de *bullying* que pueden ir desde agresiones físicas, verbales, sexuales o a través de internet, redes sociales, etc.

Los problemas de acoso escolar generan malestar y depresiones en los niños, que dejan huella y marcan su autoestima y capacidad de concentración. Las personas que tienen mayor riesgo de sufrirlo son aquellos niños que son diferentes al resto, ya sea por problemas físicos, de sobrepeso, homosexualidad, hipersensibilidad, etc. Los niños, cuando son víctimas del *bullying,* suelen ocultarlo a sus familiares y al entorno más cercano, y tienden a recluirse. No obstante, se suele manifestar con desgana, cambios de humor, rechazo para acudir al colegio, ansiedad, etc.

Cuando, por el contrario, queremos saber si un niño puede tener tendencia a hacer *bullying* a sus compañeros, también nos encontraremos con problemas de autoestima. El niño disfruta humillando a otros para ocultar sus complejos. Sujetos impulsivos, con poca tolerancia hacia aquello que es distinto, poca autocrítica e inteligencia emocional, sujetos con poca empatía y manipuladores.

El dibujo es una herramienta utilizada por profesores, pedagogos y psicólogos para conocer el estado emocional del niño y saber si está sufriendo acoso escolar. Como ya he dicho anteriormente, suelen sentir vergüenza para comunicar a sus padres o profesores que se siente acosado, y una vía sencilla y discreta es el dibujo.

En este caso, es aconsejable darle libertad y crear un clima agradable y de confianza para que el niño desnude su inconsciente. Se le puede pedir que dibuje lo que quiera o que haga el dibujo del árbol, la figura humana, la persona bajo la lluvia o a los compañeros de su clase. El dibujo del árbol, al ser el más inconsciente de todos, es una proyección relevante para invitarle a manifestar lo que siente. La proyección de la persona bajo la lluvia es también de gran interés, ya que nos aporta información sobre los recursos del niño para afrontar sus problemas y los conflictos externos.

¿Qué trazos o elementos nos pueden alarmar sobre niños que sufren acoso escolar?

Dibujos con tonos oscuros y omisión del color. Los niños suelen utilizar colores alegres y llamativos. El hecho de que utilice tonos oscuros revela angustia y tristeza. Se debe tener en cuenta la interpretación de los colores que utilice y preguntar las razones que le han llevado a utilizar dichos colores.

Dibujos con zonas muy presionadas. La presión fuerte de los trazos revela ansiedad y terquedad.

Dibujo de una niña de 10 años. Presiona la zona del cuerpo con tonos oscuros. Lo que refleja complejos con el físico y baja autoestima.

Dibujos con poca presión. Los dibujos pocos presionados son síntoma de debilidad en el momento que ha ejecutado el dibujo. Sujetos con rasgos habituales en personas que son víctimas de *bullying*.

Dibujos de casa de paja. Si a un niño le pides que dibuje una casa y la hace de paja, manifiesta un «yo débil». Niños frágiles y con baja autoestima.

Dicujo de la casa con camino de piedras por la zona de la derecha. Las piedras por la zona de la derecha representan problemas o conflictos que proceden del exterior.

Dibujo de la casa con puertas cerradas, cerrojo y mirilla. Las puertas cerradas con cerrojo y mirillas revelan que el niño está en alerta constante con el exterior, problemas para sociabilizarse y miedos.

Presencia de muchas nubes, en especial por la zona de la derecha. Cuando aparezcan muchas nubes en la zona de la derecha se le debe preguntar al niño: «Si esas nubes fuesen personas, ¿quiénes serían?» Si nos responden nombres de personas del colegio, revela la presión que recibe de los niños mencionados. No debemos olvidar que las nubes guardan relación con las presiones sociales; si además aparecen truenos o relámpagos, conflictos de gran relevancia para el niño.

Dibujo de la persona bajo la lluvia sin paraguas y con multitud de gotas de agua o nieve. La omisión del paraguas revela falta de recursos para solventar los problemas, y la presión de multitud de gotas de agua o nieve, conflictos externos que le atormentan. Si además esas gotas proceden de la zona de la derecha, es un claro ejemplo de problema de *bullying*.

Manos de gran tamaño o mutiladas. Las manos de gran tamaño u omitidas están relacionados con problemas de habilidades sociales y relaciones con los otros. Necesidad de querer relacionarse pero con dificultad para hacerlo, y si se omite la mano de la derecha o las dos, desgana y aislamiento para relacionarse. Niños que pueden sufrir *bullying* o ser posibles víctimas.

Dibujarse a sí mismo muy pequeño. El dibujarse muy pequeño es un indicio de baja autoestima. Este dibujo puede reflejar que el niño no se valora, que se siente inferior con respecto a otros niños y puede sufrir *bullying* o ser víctima de ello.

Saturar el dibujo con muchos elementos. Un dibujo excesivamente adornado revela un deseo consciente de tapar la realidad. Si además aparece el niño dibujado en segundo plano, o muy pequeño y con tachones, es un indicio de problemas de acoso escolar.

Figura humana con ojos muy grandes y boca pequeña u omitida. Los ojos grandes suelen correlacionar con niños hipersensibles, y en un estado de alerta y la boca pequeña, cerrada u omitida, sujetos sumisos y con problemas para expresar.

Figura humana con manos en los bolsillos. Ocultar las manos simboliza el deseo de ocultar. Si la mano omitida o escondida es la mano derecha, conflictos procedentes del exterior. Niños reservados y tímidos que pueden estar sufriendo *bullying* o ser posibles víctimas de acoso escolar.

Dibujo hecho por una niña de 11 años. Omite ambas manos. Problemas para expresarse, sumisión e hipersensibilidad.

Árboles con troncos muy marcados. Presencia de agujeros o manchas en el tronco. Los agujeros o manchas en el tronco se correlacionan con experiencias traumáticas que pueden estar relacionadas con hechos que han marcado la persona o problemas de acoso escolar. Si además el tronco esta muy marcado con rayitas o zonas curvas, preocupación por la estética y el cuerpo. Niños con complejos físicos que pueden sufrir *bullying*.

Dibujo hecho por una mujer de 22 años. Árbol con el tronco excesivamente marcado revela conflictos y obsesiones con la apariencia física.

Dibujarse como un payaso. Si el niño se hace un autorretrato y se dibuja como un payaso es un síntoma de sentirse una burla para los demás. Problemas de autoestima.

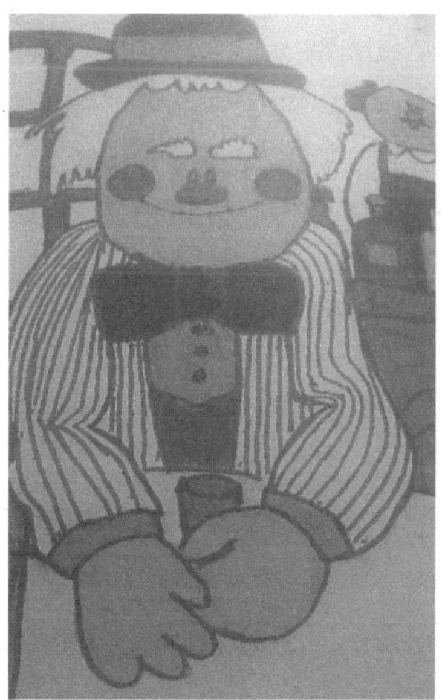

Dibujo hecho por un niño de 13 años

Dibujar a otras personas enseñando los dientes. Los dientes muy marcados simbolizan agresividad. Si están dibujando a algún compañero del colegio y le marcan mucho los dientes, refleja amenaza por parte del niño en cuestión dibujado.

Dibujos en movimiento. Si el sujeto dibuja una persona o un árbol generando una sensación de movimiento hacia la zona de la derecha, revela presiones o conflictos con el exterior, pudiendo correlacionar con problemas de acoso.

¿Qué trazos o elementos nos pueden alarmar sobre niños que hacen *bullying*?

Los niños que hacen *bullying* a otros compañeros se caracterizan por tener un pensamiento rígido, poca tolerancia hacia aquello que es diferente y agresividad e impulsividad latente. Por desgracia, este tipo de niños suelen acudir menos a terapia porque muchas veces son los propios padres los que quieren ocultar dicho comportamiento de su hijo o les cuesta reconocerlo. Es fundamental trabajar la inteligencia emocional y generar unos vínculos emocionales sanos para acabar con el *bullying* y evitar que en la edad adulta sean personas tóxicas y dañinas en sus relaciones personales. A veces estos niños han sido víctimas de *bullying* y buscan hacer el mismo daño a otros compañeros como consecuencia de una venganza que permanece en su inconsciente.

Enseñar a los padres a reconocer los propios defectos de sus hijos es fundamental para educar a niños tolerantes y sanos emocionalmente.

El dibujo es una herramienta que también ha ayudado a profesores, psicólogos o pedagogos a descubrir qué niños pueden generar un clima agresivo hacia otros compañeros en clase. En este caso se le dice que realice el dibujo que quiera, o también que se dibuje a sí mismo o a personas de clase, ya que son proyecciones aconsejables para conocer su perfil.

Los dibujos de los niños que hacen *bullying* se caracterizan por:

Dibujos con formas angulosas y extremadamente presionadas. Los ángulos hablan de rigidez de pensamiento y poca tolerancia. Por lo tanto, si el niño se dibuja a sí mismo con formas angulosas, es un símbolo de agresividad.

Dibujos con dedos angulosos. Las manos y los dedos representan el contacto con los otros. Unos dedos angulosos indican que el niño tiene un contacto poco empático e intolerante con los otros.

Dibujos de figuras humanas sin cuello y con cuerpo muy presionado. El cuello representa el control del instinto, y la omisión del mismo revela impulsividad. En dibujos de niños menores de 8 años es habitual y carece de interés interpretativo. El cuerpo también se asocia con el instinto; marcarlo mucho representa poca espiritualidad y en ocasiones agresividad.

Dibujo de un niño de 14 años

Dibujarse con dientes marcados. Dibujarse a sí mismo con dientes representa agresividad verbal.

Dibujos de figuras humanas de gran tamaño y más altas que el resto de personas dibujadas. Si el niño se dibuja de gran tamaño con respecto a otros niños, es un indicio de ser un posible agresor, ya que refleja autoridad y altura de miras con respecto a los otros.

Dibujo de figura humana con hombros excesivamente pronunciados. Los hombros excesivamente marcados simbolizan personas autoritarias y en ocasiones arrogantes con los otros.

Árboles con follaje anguloso. Las copas angulosas en los árboles representan terquedad en el pensamiento y poca tolerancia. Si estamos en época navideña y dibuja un árbol de Navidad, carece de interés interpretativo.

Dibujo de un niño de 6 años, con copa formada por ángulos.

Para conocer y profundizar sobre el dibujo en cuestión es importante escuchar las verbalizaciones que hace el niño durante el dibujo y preguntarle las razones y el porqué de lo dibujado. Cuando queremos saber si sufre acoso escolar o hace *bullying* a otros niños es bueno observar varias proyecciones y pedirle que dibuje a sus compañeros de clase, porque la manera en la que los dibuje nos será de gran valor para conocer sus problemas.

Para combatir el *bullying* se debe trabajar su amor propio y formar un «yo fuerte» que le permita enfrentarse a todo tipo de amenazas. El dibujo también se ha utilizado como terapia para reforzar la autoestima de los niños. **Será su manera de dar voz a todo aquello que sienten.**

Si por el contrario queremos trabajar con niños que hacen *bullying* a otros compañeros, debemos trabajar con ellos la inteligencia emocional, enseñarles a empatizar y trabajar todos aquellos complejos que le llevan a atacar a personas que percibe como diferentes. En estos casos también debemos investigar si el niño se ha criado en un clima violento o agresivo.

Claves a tener en cuenta para detectar problemas de abusos sexuales a través de los dibujos

«Mi silencio no me protegió. Tu silencio no te protegerá».
Audre Lorde

Abusar sexualmente es atacar contra la libertad sexual de un sujeto que, por lo general, se siente en un estado de desigualdad con respecto al agresor.

Actualmente en España se entiende por abuso sexual a todos aquellos delitos sexuales donde no hubo violencia, ni penetración, ni consentimiento. Definición que ha generado numerosas polémicas a la hora de tipificar determinados delitos que, desde mi punto de vista, esconden una violencia silenciada que atenta contra la libertad sexual de cualquier persona.

Por desgracia, la mayoría de los abusos sexuales infantiles se dan entre familiares, motivo por el cual no se suele presentar una denuncia. En otras ocasiones existe cierta desconfianza por parte de dichos familiares cuando la víctima manifiesta lo sucedido. **Es duro aceptar que un padre puede abusar sexualmente de su hija, pero es más duro sufrir dicho abuso y no escuchar a la víctima.**

Otras veces el niño se siente desubicado ante la situación vivida y suele callarse y no manifestar lo sucedido. **En este** caso, el dibujo ha servido de ayuda a psicólogos, peritos y familiares para detectar posibles problemas de abusos sexuales. Es una técnica que se ha utilizado principalmente en niños, porque el dibujo infantil es mucho más inconsciente que el dibujo de los adultos. No obstante, en el dibujo de los adultos podemos encontrar algunos rasgos que pueden revelar problemas de abusos sufridos durante la infancia.

Lo habitual es pedir al niño que dibuje lo que quiera, aunque los dibujos que más información nos aportará para conocer problemas de abusos sexuales son los dibujos de figuras humanas, el dibujo de la familia real y el dibujo del árbol.

Es importante tener en cuenta la edad de la persona que lo dibuja para conocer en qué etapa del desarrollo psicosexual se encuentra, ya que la presencia de encontrarnos elementos fálicos o desnudos a veces es frecuente dependiendo la edad del niño. Por lo tanto, antes de adentrarme en aquellos elementos que aparecen en los dibujos de niños que han sido víctimas de abusos sexuales, quiero explicar el desarrollo psicosexual de personalidad que explicaba Freud.

Desarrollo psicosexual de la personalidad

Descubrir las diferentes etapas psicosexuales de la personalidad es de gran relevancia en las técnicas proyectivas gráficas. Cuando encontremos dibujos con trazos o elementos alarmantes donde se plasmen partes genitales, pueden estar indicando que nos encontramos ante algún caso de abuso sexual. Es importante chequear la edad de la persona para conocer en qué fase psicosexual se encuentra.

Freud establecía cinco etapas.

1. **Etapa oral.** (De 0 a 1 años). El bebé se lleva todo a la boca. Desde el pecho materno, juguetes, chupetes, etc. Es fundamental el vínculo con la madre como fuente de paz.

2. **Etapa anal.** (De 2 a 3 años de edad). La fase de placer se desplaza a la zona anal. El niño debe aprender a controlar su cuerpo. (Quitarle los pañales y enseñarle a que vaya solo al baño).

3. **Etapa fálica.** (De 4 a 6 años). El niño comienza a explorar la zona de los genitales de manera **inconsciente**. En esta etapa, los niños pueden llegar a preguntar cosas en relación con la zona genital, sin apenas darse cuenta, y reflejar algunos dibujos donde pueda resultar alarmantes por algunos elementos sexuales. No obstante, siempre es aconsejable preguntar las razones de dicho dibujo. Los niños son como esponjas y suelen plasmar todo aquello que les incite curiosidad o, por el contrario, que estén dibujando algo relacionado con la sexualidad que han podido vivir de manera forzosa (caso de abusos sexuales).

4. **Etapa de latencia.** (De 6 a 11 años de edad). Etapa en la que el niño abandona el interés inconsciente de la sexualidad, basándose en su interés por las relaciones sociales. **En esta etapa es poco habitual que nos encontremos elementos sexuales en los dibujos.** De ser así, es un dato que debemos indagar en dicho dibujo en cuestión.

Dibujo de una niña que ha sufrido abusos a los 10 años de edad.
Dibujo donde se muestran elementos fálicos a una edad poco habitual. La
niña se ilustra dentro del cuerpo de una figura masculina, que abusó de
ella a los 10 años de edad.

5. **Etapa genital**. (De 12 a 18 años de edad). Etapa de adolescencia,. Empieza a producirse el interés por la sexualidad y a definirse las orientaciones sexuales, el culto al cuerpo o la apariencia física. En esta fase es habitual que encontremos dibujos de figuras humanas con cuerpos muy marcados o donde se marque la zona genital y de los pechos como llamada de atención por el interés sexual que se desarrolla en esta fase de manera consciente.

Ejemplo de dibujo en la etapa genital:

Dibujo habitual en adolescentes, donde se da mayor importancia al cuerpo omitiendo los rasgos faciales.

Cuando nos encontramos con casos de abusos sexuales es fundamental tener una base sólida sobre el desarrollo psicosexual de la personalidad para descubrir las pistas necesarias y llegar al origen del problema.

Aunque la teoría de Freud fue revolucionaria en su época, se ha quedado algo obsoleta; no obstante, sigue siendo de referencia en psicología.

¿Qué rasgos o elementos aparecen en dibujos de niños que son víctimas de abusos sexuales?

Es importante (como ya he mencionado anteriormente) conocer la edad del niño y establecer una comparativa entre dibujos recientes y anteriores.

Algunos rasgos que aparecen en los dibujos y pueden alertarnos sobre posibles casos de abusos sexuales son:

Dibujar personas enfadadas y con bocas omitidas. Dibujarse a sí mismo o a personas enfadadas es un síntoma de un estado de desilusión y preocupación.

Dibujos regresivos. En niños y adolescentes es poco frecuente dibujarse en una edad menor a la suya, de ser así nos da pistas sobre problemas sufridos o vividos en la edad mencionada. Por ejemplo, si una niña tiene 15 años y se dibuja con 10 años, se debe chequear dicha etapa dibujada.

Figuras desnudas. En este caso conviene tener en cuenta la edad del niño. Si hace desnudos en la etapa de latencia (entre 6 y 11 años) puede ser un síntoma de posibles problemas de abusos.

Dibujo de una niña de 11 años

Zona genital sombreada o con tachones. Marcar dicha zona o tacharla es un indicio de posibles abusos sexuales.

Omisiones de elementos fundamentales de la figura humana como ojos, nariz y boca. Omitir los elementos mencionados correlaciona con problemas de identidad y posibles conflictos sexuales.

Figura humana con transparencias. Dibujos en los cuales se aprecian las zonas del cuerpo por debajo de la ropa.

Dibujo de la familia real con personajes desnudos. En este caso, debemos tener en cuenta los miembros de la familia que aparecen desnudos como posibles agresores y preguntar las razones que le han llevado al niño a dibujarle desnudo.

Dibujo del árbol con agujeros y marcas en el tronco. Las marcas o agujeros en el tronco correlacionan con experiencias traumáticas del niño.

Dibujos donde aparecen expresiones escritas con palabras que reclaman ayuda. Es una manifestación consciente de expresar su problema, en este caso siempre se debe preguntar y dialogar con el niño.

Dibujo de una niña de 9 años. En este caso expresa lo que le pedía que le hiciera su tío: una felación. La línea que sale de su cara representa la lengua. La expresión SOS es una alerta consciente de manifestar lo vivido.

Cuando nos encontramos con dibujos que presentan dichas características debemos hablar con el niño y prestar atención de todas las verbalizaciones que hace durante la ejecución del dibujo.

El dibujo visibilizará al agresor e impulsará al niño a ilustrar lo sucedido.

Dime cómo dibujas y te diré si me caso. El dibujo de la pareja

«Si no recuerdas la más ligera locura en que el amor te hizo caer, no has amado».
William Shakespeare

Recuerdo cuando me llamó una buena amiga desconcertada porque no entendía que su exnovio, después de desaparecer sin dar explicaciones durante cinco meses, se había decidido a llamarla como si no hubiera pasado nada. Ella intentaba llegar a unas conclusiones racionales sobre los motivos que a su «ex» le habían llevado a comunicarse con ella, a lo que yo le respondí:

Intentar buscar razones lógicas en las relaciones amorosas es como intentar comer sano en un Burger King.

Ella se lo tomó con filosofía y empezó a entender que en el amor y en el desamor la lógica se encuentra silenciada.

El dibujo de la pareja es una proyección que nos ayudará a entender a nuestra pareja o a una persona que nos pueda interesar a nivel emocional, desde un enfoque emocional e inconsciente.

Es un dibujo que, a diferencia de otras proyecciones, no se utiliza en niños, pero se puede aplicar a adolescentes y principalmente en adultos.

Nos aporta información sobre:

- El apego. Nivel de dependencia e independencia dentro de la pareja.

- La proyección de su pareja o expareja.

- Autoestima

- Vínculo emocional que mantiene en sus relaciones.

- Problemas de violencia de género o conductas tóxicas.

A la persona se le dice: «Dibuje una pareja», sin especificar detalles y tras finalizar el dibujo, se le pide que escriba una historia sobre la pareja realizada. El dibujo correlacionará con la situación actual e inconsciente de la persona y la historia inventada, y el deseo de lo que anhela en una relación.

Ilustración de la cuenta de instagram de @Dasivoc

Al igual que en las otras proyecciones, se le entrega un folio en blanco de manera neutra y los lápices que desee utilizar. Es un dibujo que se ha utilizado frecuentemente por psicólogos que tratan terapias de pareja.

Parejas que se besan o dan la mano. Besarse o darse la mano representa unión y apoyo dentro de la pareja.

Ilustración de la cuenta de instagram de @Dasivoc

Parejas que caminan. En este caso se debe observar la dirección hacia la que se dirigen. Si caminan hacia la zona de la izquierda, es una pareja que se siente estancada y con mayor apego y dependencia. Si caminan hacia la derecha, interés por evolucionar y avanzar juntos.

Dibujos de parejas que no son humanas. «Dibujar dos animales, objetos, plantas o flores». Se debe aceptar como proyección inconsciente y pedirle que también dibuje a «dos personas». Se establecerá una comparativa como hacíamos con la «familia real e imaginaria», pero en este caso con los objetos o animales dibujados y la pareja de personas.

Dibujo de una niña de 11 años

Parejas con tamaños desproporcionados. Si uno de los dos miembros dibujados es más grande que otro, manifiesta quién es la persona dominante dentro de la pareja. Si además aparecen rasgos de la persona con formas angulosas, debemos prestar atención porque puede ser un síntoma de violencia o manipulación dentro de la pareja.

Parejas desnudas. Relación basada en la pasión y la parte carnal, pero poco espiritual. Si se tachan las zonas genitales o se omiten rasgos de la persona humana puede ser un claro ejemplo de violencia dentro de la pareja.

Parejas homosexuales. Si la persona que lo dibuja es homosexual o bisexual, carece de interés interpretativo. Si nos dice que es heterosexual y dibuja una pareja homosexual, es un indicio de problemas de identidad o sexualidad reprimida.

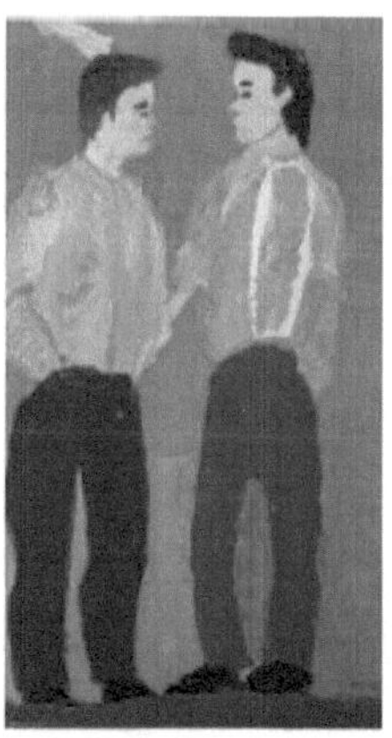

Dibujo hecho por una niña de 11 años

Parejas con el cuerpo omitido. En este caso suele correlacionar con una proyección inconsciente de nuestros padres. De no ser así, relación donde prevalece la parte espiritual pero con carencias sexuales.

Dibujo hecho por una mujer de 20 años

Las claves de interpretación en este dibujo son las mismas que las de la figura humana. Al igual que en el resto de proyecciones, se debe preguntar a su autor los motivos por los que ha dibujado a esa pareja y quiénes son. En ocasiones se dibuja a los padres o referentes de parejas cercanas a la persona.

Dibujo libre

«Prefiero dibujar a hablar. Dibujar es más rápido y deja menos espacio para la mentira».
Henri Matisse

El dibujo libre permite fomentar la creatividad del niño o el adulto y darle total libertad para escuchar sin preguntarle.

En esa libertad que damos a la persona podemos descubrir determinados rasgos de su personalidad y conocer todo aquello que el sujeto quiere expresar sin condicionarle.

Dibujar relaja, estimula la creatividad y en muchas ocasiones permitirnos darnos ese lujo o dárselo a un niño es una forma inconsciente de escuchar sus emociones y todo aquello que le inquieta.

En este caso no se establecen pautas ni ningún tipo de premisa. Dar un simple folio y los colores que quiere y observar todo tipo de explicaciones que nos quieran dar.

El dibujo libre nos permite:

- El estado emocional de la persona.
- Creatividad e imaginación.
- Psicomotricidad
- Nivel de madurez e inmadurez.
- Sus deseos y ambiciones.
- Problemas que desea manifestar.

Ejemplos:

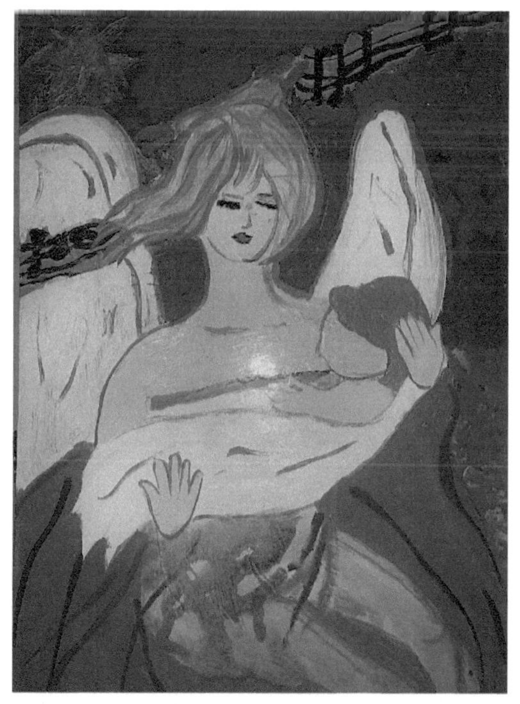

Dibujo de Verona Alserawan Braojos (11 años)

Dibujo libre donde se proyecta el vínculo materno y las alas como necesidad de libertad, apoyo y amor.

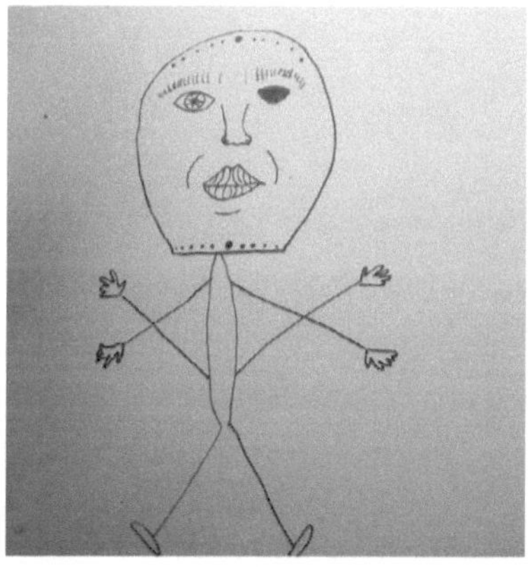

Dibujo de Irene Rodríguez (22 años)

Dibujo en el que se proyecta la parte evasiva de su autora con la dualidad establecida en la figura humana entre la zona de la izquierda y la derecha como representación simbólica e inconsciente del *yin* y el *yang*. Persona reservada y ambigua ante las adversidades.

Para la interpretación del dibujo libre se debe tener en cuenta la explicación del autor sobre lo dibujado, así como el trazo, la ubicación, el color y la visión e impresión global del dibujo.

Dibujo artístico

Detrás de una obra de arte se esconde un deseo de expresar una sensación, unos sentimientos o vivencias. El artista expresa e interpreta su propia percepción y realidad.

Conocer al artista que se esconde detrás de un lienzo es una tarea que se ha vinculado a través de la **psicología del arte.** El arte y la psicología han mantenido una estrecha relación a lo largo de la historia, ya que no podemos olvidar que el psicoanálisis fue fuente de inspiración para numerosos artistas surrealistas del siglo XX.

A través de dicha técnica se permite conocer:

- -La personalidad del artista.
- -Su estado emocional.
- -El inconsciente.
- -Elaborar teorías perceptivas y creativas de la obra. Desde el punto de vista del psicoanálisis.

Al igual que en el dibujo libre, para profundizar en su interpretación se debe tener en cuenta la explicación que aporta su autor, así como el trazo, el uso del color, la posición y orientación de la obra.

El arte también se ha utilizado como terapia por numerosos psicólogos. El **arte-terapia** permite:

- Reducir estrés y ansiedad.

- Escuchar al inconsciente.

- Estimular la autoestima.

- Tratar problemas emociones sin sanar.

- Fomentar la inteligencia emocional y creatividad.

- Conectar con ese niño que todos llevamos dentro.

«La noche estrellada» de Vicent Van Gogh

El famoso cuadro del artista Van Gogh proyecta un árbol en la zona de la izquierda. Esta obra adquiere gran interés interpretativo desde el punto de vista del psicoanálisis, teniendo en cuenta la proyección del dibujo del árbol. El árbol ubicado en la zona de la izquierda sin presencia del tronco junto con formas curvas, refleja un espíritu hipersensible, creativo y nostálgico.

Frida Kahlo. «Las dos Fridas».

Desde el punto de vista del psicoanálisis, Frida Kahlo deseaba manifestar su dualidad. La transparencia ilustra el corazón y las tijeras representan el sufrimiento emocional que le causaba ansiedad e inestabilidad. Las nubes son una representación simbólica de presiones sociales y angustia.

Capone. «Flores salvajes» de David Arnás

Cuadro del artista David Arnás en el que se hace un guiño al «**test de Rorschach**». Técnica de evaluación de la personalidad que se ha utilizado en psicología y criminología. En este caso ilustra a la figura que se suele asociar a órganos sexuales o armas. Obra que combina el realismo y el surrealismo para manifestar su percepción consciente e inconsciente de Al Capone.

Obra del artista Vicente Arnás

La obra del artista Vicente Arnás adquiere gran interés desde el punto de vista de las técnicas proyectivas, ya que aparecen el sol y la luna, elementos inconscientes que simbolizan al padre y a la madre. El ángel mirando hacia la zona de la izquierda se asocia a un carácter nostálgico, sensible, espiritual y con fuerte apego a la figura materna.

Para la interpretación del dibujo artístico, al igual que en el dibujo libre, se debe tener en cuenta la explicación del autor sobre lo dibujado, así como el trazo, la ubicación, el color, la visión e impresión global del dibujo.

¿Qué datos nos aporta un informe de técnicas proyectivas gráficas?

«Ser psicoanalista es, sencillamente, abrir los ojos ante la evidencia de que nada es más disparatado que la realidad».
Jacques Lacan

Las técnicas proyectivas gráficas son un camino de aprendizaje y conocimiento que nos permiten desnudar al inconsciente. Con un deseo de simplificar y resumiendo todo lo mencionado, a través del dibujo podemos conocer:

- La psicomotricidad.
- El estado emocional de la persona.
- La creatividad e imaginación.
- La autoestima.
- La impulsividad.
- La sexualidad.
- Conectar con el niño que todos llevamos dentro.
- Problemas de apego. Complejo de Edipo y Electra.
- La fortaleza física y espiritual.
- El estado de ánimo.
- Habilidades sociales.
- Problemas de adaptación o inadaptación.
- Nivel de dependencia e independencia.
- El inconsciente.
- El consciente.

- Las relaciones con la familia.
- El vínculo con nuestra pareja.
- La actitud ante las adversidades.
- Problemas de abusos sexuales.
- Problemas de *bullying*.
- Ambición.
- La imagen que proyectamos.
- La imagen que queremos proyectar.

Mi intención con este libro es invitaros a escuchar vuestras emociones o la de vuestros hijos a través del dibujo de una manera clara y divertida. El dibujo es el reflejo de nuestras emociones ilustradas en un simple papel.

Bibliografía

Casa, árbol, persona. Manual de interpretación del test. Karen Rocher.

Método de enseñanza y análisis del Instituto de Psicografología y Peritación de Madrid.

Evaluación psicodeportológica. 30 Test psicométricos y proyectivos de Marcelo Roffe.

La personalidad, las técnicas proyectivas y la grafología de Palliser Lasra.

9 788841 812113 5